A
B

MINISTÈRE DE L'INSTRUCTION PUBLIQUE, DES BEAUX-ARTS
ET DES CULTES

DIRECTION DES ARCHIVES

ÉTAT SOMMAIRE

DES PAPIERS DE LA PÉRIODE RÉVOLUTIONNAIRE

CONSERVÉS DANS LES ARCHIVES DÉPARTEMENTALES

SÉRIE L

HAUTE-GARONNE

Archiviste : F. Pasquier

EXTRAIT DU TOME PREMIER (AIN À LOIRE-INFÉRIEURE)

PARIS
IMPRIMERIE NATIONALE

MDCCCCVII

MINISTÈRE DE L'INSTRUCTION PUBLIQUE, DES BEAUX-ARTS
ET DES CULTES

DIRECTION DES ARCHIVES

ÉTAT SOMMAIRE

DES PAPIERS DE LA PÉRIODE RÉVOLUTIONNAIRE

CONSERVÉS DANS LES ARCHIVES DÉPARTEMENTALES

SÉRIE L

HAUTE-GARONNE

ARCHIVISTE : F. PASQUIER

EXTRAIT DU TOME PREMIER (AIN À LOIRE-INFÉRIEURE)

PARIS
IMPRIMERIE NATIONALE

MDCCCCVII

HAUTE-GARONNE.

Les registres et liasses de la série L provenant de l'administration départementale ont eu particulièrement à souffrir dans la première partie du XIXe siècle. Tant que les pièces ont été considérées comme documents de bureau, auxquels on n'attachait aucune valeur historique, on a procédé, plus ou moins méthodiquement, à la suppression de catégories dont l'utilité pratique n'était pas reconnue; les papiers, qui échappaient à la destruction, étaient soumis à des classements arbitraires. Cette remarque s'applique également aux titres provenant des administrations locales. Les versements effectués par les districts n'ont pas eu lieu régulièrement, lors de la suppression de ces subdivisions administratives; des documents conservés dans les localités ont été détruits par suite des circonstances. Ainsi, à Muret, en 1814, les troupes anglaises de Wellington ont fait litière ou allumé des feux de bivouac avec les dossiers des anciens districts de Muret et de Rieux, qui garnissaient les archives de la sous-préfecture. À Saint-Gaudens, des dossiers de même nature ont dû être perdus.

En l'an VIII, lors de la suppression des administrations cantonales, un certain nombre de leurs papiers, conformément aux prescriptions de la loi, furent portés aux archives départementales; les autres restèrent dans les mairies. Grâce aux mesures prises depuis quelques années, des réintégrations ont été effectuées, de sorte que chaque canton, supprimé ou maintenu, est représenté au dépôt de la préfecture; dans les archives locales, il ne doit rester qu'un nombre restreint de documents de ces administrations cantonales.

Les liasses provenant des greffes sont conservées au palais de justice de Toulouse. Lorsque les tribunaux de districts furent supprimés, on fit porter à Toulouse les documents des greffes de Grenade, Villefranche et Revel. Ceux de Muret et de Saint-Gaudens n'ont pas été versés, et l'on ignore ce qu'ils sont devenus.

À la suite des collections des tribunaux de district, se rangent les volumes de jugements rendus par le tribunal civil de la Haute-Garonne, qui, pendant le Directoire, fut la seule juridiction civile du département.

La série des affaires correctionnelles n'est pas aussi complète dans les divers tribunaux que celle des procédures civiles.

Les greffes des justices de paix ne sont représentés que par quelques cahiers ou dossiers. Aucune pièce ne vient des tribunaux de commerce.

La série criminelle ne figure encore que par quelques registres. En ce moment, le greffe de la cour d'assises prépare, pour en faire la remise prochaine à la section judiciaire des archives départementales, les dossiers des procédures de l'époque révolutionnaire, aussi bien pour les juridictions, tant ordinaires qu'exceptionnelles comme le tribunal révolutionnaire.

Pour compléter les collections des juridictions répressives de 1790 à l'an VIII, il conviendrait de joindre à la série des affaires criminelles les dossiers conservés par l'autorité militaire dans le greffe du conseil de guerre de Toulouse. On y trouverait maints renseignements pour l'étude des procès politiques qui, à cette époque, et notamment pendant l'insurrection royaliste de l'an VII, furent jugés par les commissions militaires.

En 1890, la série L a été l'objet d'un classsement sommaire et d'un répertoire succinct. Conformément à la circulaire du 11 novembre 1874, on n'a compris, ni dans le classement, ni dans le répertoire, un grand nombre de documents qui, à cause de leur nature, avaient été, dès l'origine, réunis aux séries modernes. Des accroissements successifs ont eu lieu dans la série L, et, par suite des remaniements opérés dans plusieurs fonds, les pièces de l'époque révolutionnaire, sauf de rares exceptions, ont été retirées des liasses administrations pour être réparties, dans la série L, parmi les articles de même nature. C'est d'après ces dernières dispositions que le présent état a été rédigé.

DÉPARTEMENT.

Lois et décrets. — Lois et décrets imprimés (collection dite *du Louvre*), 11 vol. (11 sept. 1792–13 prair. an II).

Décrets du pouvoir exécutif; lois à l'état isolé; fascicules imprimés à Paris ou à Toulouse, 14 liasses (30 déc. 1789–7 vent. an II).

Collection incomplète.

Circulaires et pièces imprimées provenant de divers comités de la Convention, 4 liasses (1 oct. 1793–an IV.

Transcriptions des lois et décrets. — 10 reg. (4 mai 1790–2 pluv. an VIII).

Délibérations et arrêtés du conseil et du directoire du département. — Délibérations et arrêtés du conseil du département, 1 vol. impr. (11 nov.–14 déc. 1791).

Délibérations et arrêtés (confondus) du conseil et du directoire du département, 4 reg. (23 août 1790–4 mai 1793).

Répertoires.

Du 7 mars 1791 au 6 germinal an VIII, les arrêtés de l'administration départementale en matière de police et de sûreté générale forment une série distincte.

Minutes des procès-verbaux du conseil du département, 1 liasse (1–30 juin 1793).

Délibérations et arrêtés du conseil et du directoire du département, 1 reg. (4 mai–24 juin 1793).

Délibérations et arrêtés du conseil du département réuni

au district et à la municipalité de Toulouse, 1 reg. (17 mai–26 juin 1793).

Répertoire.

Le conseil du département, celui du district de Toulouse et le conseil municipal de Toulouse étaient favorables aux Girondins, tandis que les sociétés populaires de cette ville, soutenues par les représentants en mission, leur étaient hostiles.

Délibérations et arrêtés du conseil du département, 1 reg. (26 juin–6 sept. 1793).

Répertoire.

Délibérations et arrêtés du conseil et du directoire du département, 1 reg. (7 sept. 1793–19 brum. an IV).

Répertoire. Conseil : 7 sept. 1793–29 frim. an II. Directoire : . . 21 mess. an III–19 brum. an IV.

Délibérations et arrêtés du directoire du département, 3 reg. (9 janv. 1792–20 mess. an III).

Pièces à l'appui de l'administration du conseil et du directoire du département (instructions, circulaires, extraits de délibérations, etc.), 2 liasses (20 sept. 1790–27 brum. an II).

Délibérations et arrêtés de l'administration centrale du département. — 5 reg. (23 brum. an IV–7 germ. an VIII).

Sauf ce qui concerne la police.

Pièces à l'appui (instructions, circulaires, extraits de délibérations, etc.), 2 liasses (an III–an VIII).

Documents manuscrits et imprimés, provenant du gouvernement et du département.

Arrêtés du conseil du département en matière de police et de sûreté générale. — 1 reg. (7 mars 1791–3 mai 1793).

Arrêtés du directoire et de l'administration centrale du département en matière de police et de sûreté générale. — 10 reg. (30 août 1793–6 germ. an VIII).

Actes des représentants du peuple en mission. — Arrêtés, proclamations, réquisitions, correspondance, pétitions de détenus et autres, etc. Représentants, délégués dans la Haute-Garonne et départements voisins : Baudot, Beauchamp, Bentabole, Bonnet (de l'Aude), Bouillerot, Carnot, Cassanyes, Cavaignac, Chateauneuf-Randon, Chaudron-Roussau, Clauzel, Collombel, Dartigoeyte, Delbrel, Espert, Fabre (de l'Hérault), Gaston, Laurence, Leyris, Lion, Mailhe, Mallarmé, Paganel, Pinel, Projean, Soubrany, 25 liasses (1792–an IV).

La mission des représentants s'étendait le plus souvent aux armées des Pyrénées-Orientales et aux départements voisins de la Haute-Garonne.

Les mêmes députés sont revenus à des époques différentes ; ils ne restaient pas en permanence dans la Haute-Garonne. Pour ces motifs, les dates extrêmes de chaque mission ne peuvent être précisées.

Registre d'ordre de la correspondance générale. — 1 reg. (niv. an II–germ. an III).

Correspondance générale. — Correspondance générale de l'administration du département (conseil et directoire) [lettres envoyées], 1 reg. (4 niv. an II–16 brum. an IV).

Correspondance de l'administration centrale du département (lettres envoyées), 6 reg. (17 brum. an IV–7 germ. an VIII).

Le 6e registre est réservé à la correspondance ministérielle.

Correspondance du procureur général syndic, avant la suppression (lettres envoyées), 3 reg. (28 août 1790–2 niv. an II).

Correspondance du procureur général syndic, après le rétablissement (lettres envoyées), 2 reg. (5 flor. an III–23 brum. an IV).

À la fin du dernier registre, commence la correspondance de l'agent qui suit.

Correspondance générale du commissaire du Directoire exécutif près l'administration centrale du département. — 1 liasse, 8 reg. (lettres envoyées) [23 brum. an IV–8 germ. an VIII].

Correspondance de l'administration centrale du département relative à la police et à la sûreté générale (lettres envoyées). — 2 reg. (4 brum. an V–6 vend. an VII).

AFFAIRES DIVERSES.

Formation du département. — Correspondance avec les commissaires du Roi ; délimitations du département ; divisions en districts et cantons ; dénombrement des villes et villages ; rectification de limites avec les départements voisins ; modifications dans les circonscriptions de districts, de cantons et de communes ; réunion et érection de communes, 32 liasses (1790–an VIII).

Tableau des municipalités par districts et par cantons, 1 vol. impr. in-4° (sans lieu ni date).

Personnel des administrations de l'État, du département et des municipalités. — États nominatifs ; traitements ; nominations ; suspensions ; épurations ; destitutions, renseignements ; enquêtes ; réorganisation de services, 11 liasses, 1 reg. (1790–an VII).

Élections. — Assemblées primaires ; nomination des électeurs ; procès-verbaux des opérations électorales ; instructions ; états nominatifs, 9 liasses (1790–an VII).

Élections de députés à la Législative : procès-verbal des opérations électorales ; instructions ; bordereaux des frais, 1 cah. impr. (1791) ;

— à la Convention : procès-verbaux des opérations électorales, 1 cah. impr. (1792) ;

Les opérations pour les élections à la Législative et à la Convention eurent lieu à Rieux et non à Toulouse.

Élections aux conseils des Cinq-Cents et des Anciens : procès-verbaux des opérations électorales; instructions; états nominatifs, etc. 1 cah. impr., 2 liasses (an IV–an VII).

Par le même corps électoral étaient nommés les membres du tribunal civil du département et ceux de l'administration centrale du département.

Élections d'agents nationaux près des municipalités dans tout le département : procès-verbaux des opérations électorales; instructions; correspondance, 7 liasses (an VI–an VII).

Rapports périodiques. — Comptes rendus décadaires : 1° au comité de Salut Public par l'administration du département; 2° par les districts à l'administration du département, 2 liasses (1re décade de nivôse an II–3e décade de brumaire an IV).

Lacunes.

Correspondance pour la formation des comptes rendus décadaires entre le district de Toulouse et les municipalités du ressort, 1 liasse (vent. an II–vend. an III).

Lacunes.

Tableaux décadaires des administrations centrales du département, 1 liasse (an VI–an VIII).

Lacunes.

Comptes rendus périodiques au ministre de l'Intérieur par l'administration centrale du département, 1 reg. (25 brum. an VI–8 therm. an VII).

Compte rendu de l'administration centrale du département, 1 cah. impr. (1 vend. an V–7 germ. an VIII).

Le cahier imprimé est relié avec le registre qui précède.

Police générale. — Rapports et correspondance concernant la situation politique : dévastation de forêts; actes de brigandage, etc. Aliénés. Talons de passeports, 2 liasses (1789–an VIII).

Rapports et correspondance concernant des troubles et émeutes survenus en divers endroits, 4 liasses (1790–an III).

Certificats de civisme; instructions, correspondance, 1 liasse (1793–an III).

Suspects : mesures de sûreté générale, surveillance, dénonciations, arrestations, états nominatifs, correspondance, enquêtes, 6 liasses (1791–an V).

Détenus politiques : états nominatifs des personnes arrêtées dans les communes du département. Liste des détenus à Toulouse dans les prisons des Hauts-Murats, de la Visitation et des Carmélites, etc. Arrestation du représentant du peuple Jullien, 4 liasses (1792–an III).

Apologie par les administrateurs du département du décret du 27 mars 1793, qui met hors la loi les aristocrates et établit un tribunal criminel extraordinaire. Placards contenant des jugements de condamnation à mort, à la déportation. Procès-verbal de l'exécution de Boucheporn, ex-intendant d'Auch. Ordre de transférer à Paris les membres du ci-devant parlement de Toulouse; extraits de jugements du tribunal révolutionnaire de Paris portant condamnation à mort des susdits membres, 1 liasse (1793–an II).

Procès-verbaux de vérification des papiers provenant des émigrés et condamnés, 1 liasse (1792–1793).

Réaction thermidorienne : dénonciations contre les terroristes; désarmement; procès-verbaux; correspondance, 1 liasse (an II–an III).

Sûreté générale : lettres du ministre de la police. Affaire du journal l'« Anti-Terroriste », publié à Toulouse en l'an IV. Organisation à Toulouse de la société des Amis de l'Ordre; poursuites; délivrances de passeports. Émigrés, 3 liasses (an IV–an VI).

Les papiers concernant les Émigrés ont été presque tous réunis à la série Q.

Fêtes publiques : fête à l'occasion de la proclamation de l'acte constitutionnel; fête civique à l'occasion de la mort du Roi; fêtes décadaires de l'an VII, 5 liasses (1793–an VII).

Santé publique et salubrité. — Épidémies; épizooties; police sanitaire; états des médecins dans le département; correspondance, etc. 1 liasse (1793–an VIII).

Eaux thermales du département : organisation, surveillance, correspondance, 1 liasse (an VI–an VIII).

Eaux de Bagnères-de-Luchon : projet de reconstruction des thermes, de 1784 à l'an IV. Mise en régie; fermage; travaux; fouilles; prix des eaux; inspections; personnel médical; rapports; police; correspondance, etc. 4 liasses (1784–an VIII).

Subsistances. — Subsistances accordées par l'État et par le département; recensement des grains; réquisitions pour les approvisionnements de la République; délibérations de la commission des subsistances; tableaux; lois; arrêtés, circulaires; foires et marchés; correspondance, 4 liasses (1789–an VII).

Tableaux imprimés du maximum fixé par la loi du 11 brumaire an II; tarifs des denrées de première nécessité; salaires; arrêtés, 4 liasses (1791–an III).

Population. — Dénombrements, mouvements, relevés, 13 liasses (1790–an VIII).

État civil. — Circulaires concernant la tenue des registres; statistique, tableaux;

État civil de la ville de Toulouse, divisée en sections

avant la formation d'une seule circonscription d'état civil, 243 cah. ou reg. (1793–an VII).

Collection déposée à la préfecture, faisant suite à l'état civil du XVIIIe siècle. Ces cahiers, versés par le greffe du tribunal, sont les doubles de ceux de la commune.

État civil de plusieurs communes du district de Toulouse, 13 liasses (1790–an III).

Agriculture. — Relevés des charrues par cantons et par communes; statistique des animaux; amélioration des races; importation du bétail, 2 liasses (1790–an VII).

Société libre d'Agriculture de la Haute-Garonne : création, règlement, objets divers, 2 liasses (an II–an VIII).

École vétérinaire de Toulouse : fondation, organisation, 2 liasses (1793–an VIII).

Commerce et industrie. — Délibérations de la chambre de Commerce; agents de change; tableaux des fabriques et établissements industriels; liste des marchands patentés en gros et en détail; objets divers; correspondance, 1 liasse (1791–an VII).

Insurrection royaliste de l'an VII[1]. — Préliminaires de l'insurrection : recherches, perquisitions, saisies d'armes, surveillance des suspects; procès-verbaux de commissaires de police, etc. 1 liasse (therm. an VII).

Actes et correspondance du comité militaire établi extraordinairement pour la défense de la Haute-Garonne; subsistance des troupes; état de la situation de l'arsenal de Toulouse; mise en état de siège de plusieurs communes, 1 liasse (therm. an VII).

Actes divers. Minutes de dépêches de l'administration centrale de la Haute-Garonne, 1 liasse (9 frim. an VII–26 vent. an VIII).

Lettres écrites à l'administration centrale de la Haute-Garonne par les ministres de l'Intérieur, de la Police, des Finances, par le Conseil des Cinq-Cents, 1 liasse (21 vend. an VII–an X);

— par le général de brigade commandant la 2e section de la 10e division; par les officiers de gendarmerie; par les commissaires ordonnateurs de la 10e division; par les adjudants généraux commandant les troupes dans les districts de Rieux et de Saint-Gaudens, 1 liasse (vend. an VII–niv. an IX);

— par le général commandant la 10e division militaire, 1 liasse (18 vend. an VII–17 vent. an VIII);

— par le général Frégeville, commandant supérieur de deux divisions militaires; par le général Lannes, délégué extraordinaire du gouvernement, 1 liasse (9 fruct. an VII–15 pluv. an VIII);

— par les administrateurs des départements voisins, 1 liasse (14 therm. an VII–2 vent. an VIII);

— par les diverses administrations cantonales de la Haute-Garonne, 8 liasses (therm. an VII–fruct. an VIII).

États des républicains tués par les insurgés royalistes dans le département. États de pertes résultant de pillages par les insurgés : évaluations sommaires, déclarations, 7 liasses (sans date précise).

Tableaux des insurgés, dressés dans les divers cantons de la Haute-Garonne. États des insurgés faits prisonniers par l'armée républicaine. Listes imprimées des individus notoirement connus pour avoir fait partie des bandes royalistes, 7 liasses (mess. an VII–brum. an VIII).

Mesures répressives : lois, lettres des représentants du peuple à l'administration centrale de la Haute-Garonne. Otages désignés par le gouvernement : listes dressées par cantons, 3 liasses (mess. an VII–brum. an VIII).

Procès-verbaux de saisie et de séquestre des biens appartenant aux insurgés et à leurs proches, 1 liasse (vend.–brum. an VIII).

Inventaires généraux par cantons des procédures relatives à l'insurrection[1]. Documents judiciaires concernant la répression de l'insurrection. 2 liasses (fruct. an VII–flor. an VIII).

Renseignements sur les principaux personnages de l'insurrection (Rougé, Launay). Affaires spéciales, 1 liasse (an VII–an VIII).

États des insurgés condamnés à fournir un fusil de calibre ou l'équivalent en argent, 1 liasse (vend.–niv. an VIII).

Pétitions adressées à l'administration centrale de la Haute-Garonne par les insurgés détenus dans les prisons de Toulouse, 6 liasses (therm. an VII–vend. an VIII).

Réquisitions; expatriation d'insurgés; cartes de circulation délivrées par l'administration municipale de Toulouse; indemnités de route, 1 liasse (an VII–an VIII).

Demandes de secours au roi Charles X par des insurgés de l'an VII, par leurs veuves ou leurs enfants; pièces à l'appui; certificats de services dans l'armée royale de l'an VII par d'anciens chefs ou soldats, 1 liasse (1824–1825).

Insurrection de l'an VII : objets divers, 2 liasses (an VII–an VIII).

Administration et comptabilité départementale. — États des dépenses générales à la charge : 1° du département, 2° des districts; états par districts des charges communales, 1 liasse (1791–an VII).

[1] On a conservé, dans l'état sommaire, aux dossiers de l'insurrection royaliste de l'an VII la place qui leur a été assignée primitivement dans la section administrative des affaires départementales. Régulièrement, dans un inventaire méthodique, ils devraient se trouver, avant les fonds divers, à la suite de la section comprenant l'administration cantonale sous le Directoire. (Voir plus loin, col. 33.)

[1] Les dossiers de procédures relatifs à la répression de l'insurrection de l'an VII sont conservés au greffe du conseil de guerre de Toulouse.

États des fonds mis à la disposition du directoire du département pour payer les dépenses d'administration; tableau des dépenses d'administration des huit districts; comptes rendus par le directoire du département et par le receveur général du département; correspondance ministérielle relative aux finances départementales, 1 liasse (1791-an VIII).

Bâtiments départementaux. — Installation du tribunal de Villefranche dans l'ancienne église des Pénitents blancs, 1 liasse (an V).

Gendarmerie, choix d'une caserne : 1° à Toulouse (1792–an VIII); 2° à Grenade, dans l'ancienne maison de la maréchaussée (1792–an V); 3° à Rieux (1792–an IV);

Archevêché (aujourd'hui préfecture) : ancien hôtel de la présidence du parlement transformé en archevêché; réparations et ameublement du nouvel archevêché; vérification de l'ancien; demande de rétablissement du nouveau dans l'ancien, 2 liasses (1791–an VIII).

Administration et comptabilité communale. — Affaires d'administration communale; propriété; comptabilité, règlements (1791–an VIII).

Dossiers laissés dans les liasses modernes de la série O.

Service vicinal dans le département : essais d'organisation; instructions; règlements, 1 dossier (an IV–an VIII).

Cours d'eau de la Haute-Garonne : moulins et usines; visites, inondations, travaux de défense, etc., 4 dossiers (1790–an VIII).

États détaillés par cantons des dépenses administratives de chaque commune, 3 reg. (an V–an VIII).

Centimes municipaux sur le foncier et le personnel; états; répartition par communes, 3 reg. (an-VII).

Biens communaux : mode de partage; éclaircissements demandés par le comité d'agriculture de la Constituante; décret de la Convention pour le partage; lettres à ce sujet par divers comités de la Convention. États généraux des biens communaux du département par districts et par communes (lacunes), 1 liasse (1791–an IV).

Ville de Toulouse : propriétés; édifices divers (réparations, transformations, démolitions, constructions); alignements : place du Capitole; remparts; voirie, etc. (1791–an VIII). Revenus divers; affaires financières, (1790–an VIII).

Ces pièces se trouvent classées dans les fonds de l'administration moderne.

Ville de Toulouse. Élections des officiers municipaux; dépenses diverses supportées par la ville; pièces à l'appui des comptes du trésorier; rôles, etc. 3 liasses (1790–an IV). Affaires diverses d'administration, 2 liasses (1790–an IV). Subsistances : marchés, grains achetés par la ville; situation pendant la disette; difficulté d'approvisionnement. 2 liasses (1793–an III). Délibération du conseil général du département, du district de Toulouse, du conseil municipal de cette ville, réunis en corps, concernant les mesures nécessaires à l'approvisionnement du marché de Toulouse, 1 cah. (15–20 mars 1793).

Finances. — Confection des rôles de supplément sur les biens des ci-devant privilégiés pour le dernier semestre de 1789. Recette faite dans les pays d'élection de la Gascogne toulousaine. Correspondance, instructions, réclamations, 1 liasse (1789–1791).

États des anciennes impositions principales, supportées par les communautés de tous les districts, excepté celui de Revel, 1 liasse (1790).

Forces contributives des parties du Languedoc et de la Gascogne incorporées dans le département de la Haute-Garonne. États par districts et par cantons (tailles, vingtièmes, capitation), 1 liasse (1790).

Rôles imprimés des contributions principales et accessoires pour les biens-fonds des communes du département (manquent les districts de Rieux et de Castelsarrasin); état du montant des rôles, avec le chiffre de la population pour toutes les communes du département par districts et par cantons, 1 liasse (1790).

Répartition entre les nouveaux départements des dettes et créances de leurs anciennes provinces; délibérations de la commission centrale de Montpellier; délibérations des commissaires de l'ancienne Gascogne, 1 liasse (1790–1792).

Nouveau système de contributions directes; observations présentées par quelques bureaux intermédiaires de Guyenne; projets de répartement; instructions, 1 liasse (1789–1792).

Lois, instructions, circulaires d'intérêt général concernant les nouvelles contributions, la comptabilité publique, la perception des impôts; correspondance du ministre, de l'administration départementale, des agents financiers, 7 liasses (1790–an VIII).

Lettres écrites par l'inspecteur général des rôles du département, 1 reg. (25 févr. 1792–12 mars 1793).

Personnel des finances : nominations d'agents de tout grade, 1 liasse (1790–an VII).

Contributions foncière et mobilière; états de répartement par districts, par cantons et par communes dans le département; contingent de 1791 (4,608,900 fr.), fixation par district; montant par communes des rôles; taux des remises pour la perception, 2 liasses (1791–an III).

Délibérations et mémoires des directoires de districts; projet d'adresse du directoire du département à la Convention sur la décharge des impôts directs, 1 liasse (1791-1792).

États par cantons du montant des rôles de la contribution foncière des communes, payable tant en grains qu'en assignats; équivalent en assignats de la contribution foncière en nature; taxe des grains employés au payement de la contribution foncière; états des versements en nature; tarifs et mercuriales; circulaires; correspondance, 2 liasses (an III-an VIII).

Propositions et délibérations concernant la rectification des rôles; bases adoptées par les administrations cantonales pour la répartition des contingents, 2 liasses (an V-an VII).

Contribution personnelle et somptuaire; augmentation d'un quart pour les célibataires; bases pour le répartiment; modèle de déclaration; instructions; correspondance; états du montant des rôles par cantons et par communes, 1 liasse (an III-an VII).

Contribution des patentes; établissement de l'impôt; protestations des directoires de Rieux et de Saint-Gaudens; instructions; états des patentables des 59 municipalités cantonales de la Haute-Garonne, 1 liasse (1791-an VII).

Contributions indirectes; correspondance ministérielle avec le directoire du département; remplacement des droits sur les sels et autres matières; répartement d'une nouvelle imposition entre les communes du département; états par districts et par cantons, 2 liasses (1790-an II).

Douanes; établissement de lignes; sels et tabacs; suppression de la ferme; cartes à jouer; ouvrages d'or et d'argent; instructions; correspondance, 1 liasse (1791-an VII).

Poids et mesures; tableaux de comparaison entre les nouveaux types et les anciens usités dans la Haute-Garonne, 1 vol. impr. (an X).

Ouvrage publié par ordre du préfet.

Postes, messageries, courriers. Enregistrement et autres administrations financières : instructions, correspondance, 1 liasse (1790-an VII).

Caisse de l'Extraordinaire : correspondance ministérielle; correspondance avec les administrations, 1 liasse (1790-1793).

Emprunts forcés : lois, instructions, délibérations, correspondance; relevé général du montant des taxes; additions et réductions; emprunt forcé pour frais de guerre; dette publique, 5 liasses (an IV-an VIII).

Dons patriotiques en nature et en argent; déclaration de fortunes privées; contributions de guerre : emprunts volontaires et forcés; impôt sur les riches pour frais de guerre, 3 liasses (1790-an IV).

Réquisitions de créances sur l'étranger; mesures prises à Toulouse; déclarations par plusieurs négociants de leur actif et de leur passif à l'étranger; lois, instructions, 1 liasse (niv.-therm. an II).

Papier-monnaie; assignats; billets de confiance; dépréciation, cours; monnaies françaises et étrangères; métal des cloches; valeur du louis d'or, 4 liasses (1791-an IV).

Instructions des administrateurs du département en matière de contributions; rapport présenté au conseil général du département par le bureau des contributions; division du département en cinq arrondissements de perception; états de recouvrements à diverses époques, 4 liasses (1790-an VII).

Contributions publiques : comptes rendus décadaires au comité de Salut Public par les administrateurs du département, 1 liasse (fruct. an II-vend. an IV).

Bureau de comptabilité : correspondance avec les ministres (lettres envoyées), 2 reg. (an II-an VIII).

Bureau des finances et de comptabilité du département : arrêtés relatifs aux contributions, aux pétitions pour dégrèvement, 8 reg. (1790-an IX).

Le 1er registre (1790-1791) contient des objets étrangers aux finances.

Bureau des finances et de la comptabilité du département : correspondance relative aux contributions, aux affaires financières (lettres envoyées), 11 reg. (1790-an VIII).

Administration centrale du département : circulaires en matière de finances (contributions, perception, etc.), 2 vol. (1 brum. an V-4 vend. an VIII).

Guerre et affaires militaires. — Documents d'intérêt général; circulaires relatives à l'organisation, au recrutement, aux divers services de l'armée, 2 liasses (1792-an VIII).

Arrêtés du directoire du département en matière militaire, 4 reg. (1793-an IV).

Arrêtés de l'administration centrale du département, 2 reg. (an IV-an VIII).

Correspondance du bureau militaire près l'administration centrale du département (lettres écrites), 3 reg. (an IV-an VIII).

États nominatifs des conscrits; contrôles de soldats retirés du service, 3 liasses (1792-an III).

Levée en masse : contrôles par commune des citoyens de 16 à 60 ans; tirage par communes; réquisition des citoyens veufs ou célibataires de 18 à 25 ans; états de dépenses pour l'habillement et l'équipement; hommes armés avec des piques, 4 liasses (1792-an III).

Volontaires : formation de bataillons; états; correspondance; registres ouverts pour l'inscription des engagements; volontaires tirés des neuf bataillons de la garde nationale du département; élections d'officiers et de sous-officiers dans lesdits bataillons et autres corps, 6 liasses, 2 reg. (1792–an III).

Contrôles des classes de l'an III à l'an IV, 1 liasse (an III–an IV).

Conscription de l'an VII dans tout le département, 1 reg. (an VII–an VIII).

Formation des bataillons auxiliaires avec des hommes dont les dispenses furent révoquées, 1 liasse (an VII).

Écoles militaires : écoles d'artillerie et du génie; école de Mars : désignation des élèves; correspondance; école polytechnique : correspondance, 1 liasse (an II–an VIII).

Secours aux blessés; hôpitaux militaires; officiers de santé à l'armée; subventions aux familles des défenseurs de la patrie; invalides; compagnies de vétérans; maintien dans leurs foyers d'hommes nécessaires à l'Agriculture, 3 liasses (an II–an VIII).

Déserteurs et insoumis: proclamations des représentants en mission; mesures prises par les pouvoirs publics pour remédier au mal; tableaux des déserteurs par districts; délibérations des municipalités; garnisaires, 3 liasses (an II–an VIII).

Prisonniers de guerre : répartitions par districts; états nominatifs; mesures d'ordre, surtout vis-à-vis des prisonniers espagnols, 2 liasses (an II–an VIII).

Gendarmerie : organisation; états de nominations; tableaux des brigades; états des officiers; casernement; instructions; correspondance, 6 liasses (1789–an VIII).

Garde nationale : organisation; exécution de la loi du 14 octobre 1791; formation de bataillons et de légions; dissolution à Toulouse de la 2e légion, dite de Saint-Barthélemy; élection d'officiers; tableaux des officiers; colonnes mobiles; instructions, 3 liasses (1760–an III).

Réquisition de métaux provenant des Émigrés et des églises; états des armes chez les particuliers; ateliers de l'État; personnel; versement de fusils; fabrication de grosse artillerie et de baïonnettes; confection de cartouches; fonderie; parc d'artillerie à Toulouse, 4 liasses (1790–an VII).

Poudres et salpêtres : fabrication; personnel employé dans les ateliers; débitants de poudre, 3 liasses (1792–an VII).

Recensement des chevaux et mulets; remonte; mise à part des chevaux ne servant pas à l'Agriculture; estimation des chevaux; exécution de la loi du 4 vendémiaire an VIII, 3 liasses (an VIII).

Subsistances : vivres à délivrer aux volontaires; règlement sur la fourniture de la viande; construction de fours; circulation et recensement des grains; greniers; réquisition de la 8e partie des porcs existant dans la République; service des subsistances pour les troupes; réquisition et recensement des fourrages, 7 liasses (1792–an VIII).

Habillement et équipement : offres de fournisseurs avec prix des confections; versements d'effets dans les magasins; commissaires pour la vérification des effets; uniforme des compagnies franches; états nominatifs des tailleurs et cordonniers employés à l'agence de Toulouse; réquisition d'outils pour l'armée des Pyrénées-Orientales; fourniture de gibernes, 3 liasses (1792–an VII).

Convois et étapes : construction de voitures et charrettes; achat de mulets; réquisition d'animaux et de moyens de transports; feuilles de route des convoyeurs; service des étapes; charrois pour l'armée des Pyrénées-Orientales; correspondance, 5 liasses (1792–an VIII).

Commissaires des guerres : questions relatives à l'armement, au campement, à l'habillement, à l'équipement, aux subsistances, aux approvisionnements, aux convois, aux étapes, aux lits militaires, aux fournitures, etc. 3 liasses (1790–an VIII).

Approvisionnements divers : réquisition du chanvre; fourniture de 300 voitures pour l'armée des Pyrénées-Orientales; offrandes, etc. 3 liasses (1792–an VIII).

Extraits mortuaires des soldats originaires de la Haute-Garonne, d'après les contrôles de l'administration militaire; ordre alphabétique des noms, 12 liasses (1792–1815).

Envoi du ministre de la guerre, en 1896.

Affaires maritimes : gens de mer; ordre de conduire au bagne de Rochefort les galériens de la Haute-Garonne; projet d'ouvrir à Toulouse une école de navigation et une chaire d'hydrographie; correspondance du commissaire de la marine à Cazères (1791–an II); états des syndicats formant, dans la Haute-Garonne, les quartiers des gens de mer par paroisses; nomination de syndics; réquisition d'ouvriers pour les arsenaux; déserteurs de la marine; instructions relatives à la marine; école navale, 3 liasses, 1 reg. (1790–an VIII).

Événements militaires : guerre avec l'Espagne; armées des Pyrénées; arrêtés des représentants du peuple en mission; renseignements sur les événements militaires; détails sur la force, les marches et les besoins des armées aux Pyrénées; correspondance des généraux, représentants du peuple, commissaires ordonnateurs, 2 liasses (1792–an IV).

9e et 10e divisions militaires (Haute-Garonne); nominations de généraux; correspondance des généraux avec l'administration départementale, 1 liasse (1792–an VI).

Armée révolutionnaire de la Haute-Garonne : séjour à Grenade-sur-Garonne; correspondance; procès, devant le tribunal criminel de la Haute-Garonne, des chefs de ladite armée; mémoires justificatifs, 1 liasse (1793–an II).

Travaux publics. — Arrêtés du conseil et de l'administration centrale du département, 8 reg. (15 déc. 1791–7 mess. an IX).

Plusieurs avec répertoire.

Arrêtés et correspondance des administrateurs; baux d'entretien des routes, 1 liasse (1791–an VIII).

Route nationale n° 20 : traverse de Toulouse. Routes départementales : travaux divers, entretien, constructions, etc. 2 liasses (an II–an VIII).

Service hydraulique : Garonne; moulins du Bazacle et du Château-Narbonnais à Toulouse; procès; usines diverses; travaux défensifs; construction d'un quai à Muret, 16 liasses (1789–an VIII). Salat : usines à Mazères-du-Salat. Ariège : documents relatifs à la navigation, aux usines et barrages. Tarn : documents relatifs à la navigation, aux usines et barrages, 4 liasses (1793–an VIII).

Canal du Midi : séquestration et prise de possession par l'État, à la suite de l'émigration des membres de la famille Riquet de Caraman; règlement général d'organisation et d'administration du canal; mémoires. Rigoles. Travaux d'entretien, curage, francs-bords; coupe des herbes; plantations; pépinières; construction de ponts et aqueducs; chômage. Navigation : bateaux de poste; marchandises; personnel; comptabilité, 10 liasses (1789–an XII).

La plupart des dossiers de Travaux publics sont restés dans les séries modernes.

Instruction publique, sciences et arts. — Instruction primaire : circulaires; correspondance; nomination des instituteurs; jury d'examen; notes individuelles; certificats de capacité et de civisme délivrés par le jury et par les officiers municipaux; locaux nécessaires aux écoles à Toulouse, 5 liasses (1791–an XI).

Tableaux par cantons des écoles établies, avec le nom des instituteurs; renseignements sur le logement, sur l'organisation des écoles publiques dans le département, 2 liasses (an IV–an VI).

Questions posées par l'administration centrale du département au sujet de l'instruction; réponses des administrations municipales; procès-verbaux dressés par les commissaires délégués pour la surveillance des écoles; ouvertures d'écoles, 2 liasses (an V–an XI).

Instruction secondaire : situation; recherches pour recouvrer les biens affectés aux fondations de bourses; bâtiments d'anciens collèges; essai d'organisation à Toulouse (an II–an III); surveillance des pensionnats et nomination de professeurs, 1 liasse (1790–an VIII).

École centrale du département : affectation du collège national au logement des professeurs; entretien et réparation des bâtiments; mobilier; jury d'instruction; organisation de l'école; personnel; traitements; programme général; règlement de police intérieure; renseignements sur la situation de l'école; achat de livres; prix; comptabilité; correspondance ministérielle; délibérations; rapports et correspondance du conseil d'administration de l'école, 4 liasses (an III–an XIII).

Renseignements sur l'université de Toulouse à l'époque de la Révolution. Organisation provisoire de l'enseignement supérieur; école des sciences et des arts; école de médecine; cours d'accouchement; cours de chirurgie, 3 liasses (1790–an VIII).

Bibliothèque de Toulouse : achat d'un fonds à Lefranc de Pompignan; formation de bibliothèques à Toulouse et dans d'autres communes; visites; rapports; dépenses; correspondance, 3 liasses (1790–an VIII).

Jardin botanique et cabinet d'histoire naturelle à Toulouse. Observatoire de Toulouse : installation, personnel, 1 liasse (1787–an VIII).

Musée de Toulouse : installation dans le couvent des Augustins; formation; objets provenant des maisons religieuses et autres; inventaires; rapports, comptabilité; correspondance. Académie de peinture, sculpture et architecture : personnel; prix en argent, etc. 4 liasses (1790–an VIII).

Archives : états des registres et papiers provenant d'Émigrés et d'établissements supprimés; inventaires généraux des papiers et registres envoyés par les districts au département; réunion de documents; triage des titres; relevé des opérations; recherche de créances, 4 liasses, 1 reg. (1791–an V).

Librairie; presse : surveillance, mesures diverses; correspondance, 1 liasse (an IV–an VIII).

Théâtre : réglementation à Toulouse par les représentants du peuple en mission; droits des pauvres; subventions; statistiques; correspondance, 1 liasse (1791–an VIII).

Justice. — Documents relatifs à l'organisation judiciaire, à la formation du jury; circulaires, instructions, etc.; traitement de l'exécuteur des jugements criminels en 1791; local des tribunaux; personnel : tableau des magistrats; nominations; état des huissiers avec leur résidence; dépenses judiciaires; traitements, 3 liasses (1790–an XI).

Liste du jury d'accusation et de jugement par districts, 6 liasses (1792–an VIII).

Juges de paix : nominations, traitements, résidence; affaires diverses; tableaux, 3 liasses (1791–an VI).

Nouvelle organisation du notariat; formation des notariats; tableau de leurs ressorts; enquêtes sur les titulaires; nominations, 3 liasses (1791–an VIII).

Cultes. — Documents relatifs à la constitution civile du clergé; déclarations de religieux qui veulent vivre en liberté; élection de domicile par des pensionnaires ecclésiastiques, 1 reg., 1 liasse (1790–an IV).

Dossiers de pensionnaires ecclésiastiques (déclarations, certificats, mandats, etc.), 12 cartons (1790–an VIII).

Traitements du clergé : fixation, états, contrôles, 2 liasses, 1 reg. (1789–an V).

Correspondance relative à la dépouille des églises de Toulouse et d'autres communes, 1 liasse (1790–an VII).

Élections des ministres du culte (métropolitain, curés, etc.); procès-verbaux; correspondance (acceptations, refus, etc.); administration du clergé constitutionnel, 3 liasses (1791–an IV).

Circonscriptions de paroisses (exécution de la loi du 24 août 1790), 1 reg. (1791–1792).

Lacunes.

Prestation de serment prescrite par décret de l'Assemblée nationale du 27 novembre 1790 : procès-verbaux; états, correspondance; prêtres assermentés; prêtres non conformistes : dénonciations; installation de prêtres constitutionnels : troubles sur divers points. Procès-verbaux de renonciation au sacerdoce; recensement de prêtres mariés, 4 liasses (1790–an III).

Prestation de serment exigée des prêtres par les lois des 11 prairial an III, 7 vendémiaire an IV, 21 nivôse an VIII : états, déclarations, correspondance, 3 liasses (an III–an VIII).

Prêtres insoumis, émigrés, reclus, déportés : poursuites; enquêtes; états par cantons; surveillance; troubles dans plusieurs localités; demandes d'élargissement, de rentrée, etc.; correspondance; liste de prêtres détenus et déportés, 9 liasses (an II–an X).

Police des cultes : exercice du culte; célébration du décadi; processions; demandes d'autorisation de célébrer le culte (exécution des lois des 7 vendémiaire an IV et 21 nivôse an VIII), 4 liasses (1790–an IX).

Biens et revenus ecclésiastiques du diocèse de Toulouse (curés, vicaires, etc.). Séminaires, fabriques et confréries : reddition de comptes; états (exécution des lois des 19 août 1792 et 13 brumaire an II). 3 liasses (1790–an II).

Frais du culte; besoins des églises; pétitions, réclamations, bordereaux, 3 liasses (1791–an IV).

Églises et presbytères : états de situation par cantons; édifices non aliénés; édifices remis pour la célébration du décadi; démolition des clochers, 2 liasses (an IV–an VIII).

Assistance publique. — Secours aux centenaires indigents du département; aux colons réfugiés de Saint-Domingue; ateliers de charité; délibérations, arrêtés, états, etc. 2 liasses (1790–an VIII).

Administration des établissements charitables, principalement à Toulouse. Dépôt de Lagrave : internement dans cet hospice de reclus de différents genres; aliénés; orphelins de la patrie; états des malades; subventions aux hospices; règlements; instructions; correspondance; délibérations diverses, 5 liasses (1790–an VIII).

Commission administrative des hospices et bureaux de bienfaisance; nomination de médecins, économes, etc.; sœurs; comités des bureaux de bienfaisance, 3 liasses (1792–an VIII).

Revenus et biens des établissements de bienfaisance : situation financière; rentes, relevés, titres, remboursements; états incomplets faits en l'an VII indiquant les propriétés foncières des hospices et bureaux de bienfaisance dans la Haute-Garonne; mise en ferme des propriétés foncières; constructions et réparations d'immeubles; affectation de locaux, 6 liasses (1790–an XIII).

Institut des sourds-muets : états demandés par l'Assemblée législative; secours, etc. État des aveugles propres à recevoir l'instruction, 1 liasse (1792–an VIII).

Établissements de répression. — Visite des prisons de Toulouse; prisons du département; dépenses diverses; correspondance relative au régime pénitentiaire; instructions; bureau de la Miséricorde pour les prisonniers; personnel des prisons, 3 liasses (1790–an X).

Dépôt de mendicité à l'hospice de Lagrave à Toulouse. Tentatives pour la répression et l'extinction de la mendicité, sous la direction de représentants du peuple en mission.

Organisation d'un hospice pour la réforme des mœurs (règlement, correspondance, etc.), 2 liasses (1790–an VIII).

Cahier contenant la correspondance de l'administration départementale relative à la mendicité et aux secours publics (9 juill. 1790–28 fruct. an III).

DISTRICTS.

Les documents provenant du district de Castelsarrasin, supprimé en l'an IV, ne se trouvent pas aux archives de la Haute-Garonne; on n'a guère conservé que les pétitions et lettres adressées aux représentants en mission et que les pièces ne pouvant être extraites des registres dont elles font partie.

GRENADE-SUR-GARONNE :

Le chef-lieu du district a été transféré pendant quelque temps de Grenade à Beaumont-de-Lomagne, où était le siège du tribunal.

Transcription des lois et décrets. — 5 reg. (12 juill. 1790–15 germ. an II).

L'ordre chronologique n'est pas strictement observé.

Délibérations et arrêtés du conseil du district séant à Grenade. — 8 reg. (30 sept. 1790–4 flor. an II);

— **séant à Beaumont-de-Lomagne.** — 2 reg. (5 flor. an II–7 vent. an III).

Pièces à l'appui : comptes rendus du procureur syndic aux membres du conseil du district, 1 liasse (15 sept. 1790–20 brum. an II).

Délibérations et arrêtés du directoire du district séant à Grenade. — 4 reg. (9 févr. 1792–25 mess. an II);

— **séant à Beaumont-de-Lomagne.** — 5 reg. (28 mess. an II–25 brum. an IV).

Correspondance générale. — Correspondance générale du conseil du district (lettres envoyées et reçues), 3 reg. (20 sept. 1790–5 brum. an II).

Correspondance du procureur syndic avec l'administration départementale (lettres envoyées), 2 cahiers (1792–1793).

Correspondance générale de l'agent national près l'administration du district, 3 reg. (22 germ. an II–17 brum. an IV).

Pétitions à l'administration du district, 1 reg. (4 fruct. an II–1 vent. an III).

Élections. — Procès-verbaux des assemblées primaires. Élections de l'administration du district, des juges; élections municipales, 2 liasses (1790–1792).

Personnel. — Procès-verbaux d'épuration des autorités constituées, 1 liasse (1793).

Police générale. — Affaires diverses : conflits entre Grenade et Beaumont; troubles de Grenade; rétablissement de l'ordre; désarmement des Terroristes, 1 liasse (1790–an III).

Subsistances. — Recensement et prix des denrées; prix des grains, 1 liasse (1791–an III).

Finances. — Imposition des anciens privilégiés; revenus des dîmes; dons patriotiques; dépenses générales à la charge du district, 1 liasse (1789–1793).

Bureau des impositions : comptabilité, 1 reg. (1791–1792).

Arrêtés, 1 reg. (1791–1793).

Correspondance (lettres envoyées), 1 reg. (1791–an IV).

Guerre. — Affaires militaires de toute nature; formation de compagnies de volontaires, 1 liasse (1791–an III).

Correspondance du directoire de Grenade, 1 reg. (an II–an IV).

Travaux publics. — Bureau des travaux publics : enregistrement des pétitions, 1 reg. (1792–1793).

Correspondance (lettres écrites), 2 reg. (an II–an IV).

Coupe de bois dans les forêts, 1 reg. (an II).

Cultes. — Traitements et pensions du clergé et des ex-religieux du district, 2 reg. (1790–an II).

Établissements de bienfaisance. — Hospice de Beaumont-de-Lomagne : comptes rendus par les administrateurs, 1 liasse (1791–an VII).

Correspondance diverse des administrateurs du district, 1 liasse (1791–an IV).

MURET :

Il ne reste que très peu de documents du district de Muret; en 1814, lors du passage des Anglais, dossiers et registres ont été en partie détruits.

Élections. — Procès-verbaux des assemblées primaires. Organisation de l'administration du district, 2 liasses 1790–an II).

Subsistances. — Recensement des grains dans les communes, 1 liasse (1791–1793).

Finances. — Répartement annulé par le conseil du département; dépenses à la charge du district, 1 liasse (1791–1793).

Armée. — Gardes nationales; volontaires, etc.; affaires diverses, 1 liasse (1791–an IV).

Culte. — Règlement de pensions et de traitements pour le clergé et les ex-religieux du district; objets divers, 2 liasses (1791–an IV).

REVEL :

Délibérations et arrêtés du conseil du district. — 2 reg. (sept. 1790–7 germ. an III).

Délibérations et arrêtés du directoire du district. — 3 reg. (4 sept. 1790–14 brum. an IV).

Correspondance générale. — Registres d'ordre de la correspondance active et passive du district; analyse et enregistrement des lettres reçues et envoyées; analyse des lettres adressées au commissaire du Directoire exécutif du district; enregistrement des arrêtés des comités de la Convention et des représentants en mission, 2 reg. (28 flor. an II–15 brum. an IV).

Correspondance du procureur syndic du district (lettres envoyées), 1 reg. (28 sept. 1790–13 sept. 1793).

Lettres sur divers sujets, écrites au procureur syndic

du district par Mailhe, procureur général syndic du département, 1 liasse (18 sept. 1790–3 août 1791).

Élections. — Élections des maires et officiers municipaux dans le district, 1 liasse (1790–1793).

Élections de divers fonctionnaires; affaires administratives, 1 liasse (1790–an IV).

Subsistances. — Recensement et réquisitions de grains; rationnement par individu; approvisionnement de Toulouse et de Castres, 1 liasse (an II–an IV).

Finances. — Dépenses à la charge du district; correspondance, 2 liasses (1791–an IV).

Avis du directoire du district et arrêtés de l'administration départementale, concernant les impositions à faire par les communes pour payer les charges locales, 1 reg. (1791–an IV).

Arrêtés du directoire du district portant réduction ou décharge en matière de contributions, 2 reg. (1791–an IV).

Le premier registre contient : 1° la déclaration faite par les curés et autres bénéficiers des revenus dont ils jouissaient dans l'étendue du district (lois de 1790); 2° les états de payement faits aux prêtres reclus; 3° le bordereau général des payements faits aux ecclésiastiques, aux fonctionnaires et aux pensionnés du district. Le second registre renferme, en outre, des arrêtés étrangers aux contributions.

Affaires militaires. — Fabrication de piques; quote-part du district, etc., 1 liasse (1791–an III).

Travaux publics. — Pièces diverses, 1 liasse (1791–an III).

Cultes. — Pièces diverses; arrêtés du district et du département fixant les traitements ou pensions du clergé et des ex-religieux du district, 1 reg. (1791–an II).

Rieux :

Délibérations et arrêtés du conseil du district. — 5 cahiers (15 sept. 1790–2 oct. 1792).

Délibérations et arrêtés du directoire du district. — 4 reg. (1 sept. 1790–3 frim. an IV).

Arrêtés du directoire du district concernant principalement la sûreté publique, 2 reg. (3 déc. 1791–19 sept. 1793).

Avis et arrêtés du directoire du district sur pétitions, 2 reg. (27 sept. 1790–13 août 1791).

Correspondance générale. — Correspondance (active et passive) du directoire du district avec l'administration du département, 5 reg. (15 sept. 1791–13 niv. an IV).

Copie de certaines lettres reçues par le directoire du district, 1 reg. (15 pluv.–16 mess. an II).

Correspondance générale du procureur syndic du district (lettres envoyées), 3 reg. (25 sept. 1791–18 niv. an II).

Enregistrement de la correspondance de l'agent national du district, 1 reg. (15 niv.–17 mess. an II).

Analyse ou transcription des lettres suivant l'importance.

Correspondance générale de l'agent national du district (lettres écrites et reçues), 2 reg. (22 mess. an II–24 prair. an III).

Correspondance spéciale avec les comités de la Convention, les comités de surveillance, les représentants du peuple et les collègues des autres districts, d'abord de l'agent national, puis du procureur syndic rétabli (lettres envoyées et reçues), 5 reg. (niv. an II–brum. an IV).

Élections. — Élection des administrateurs; renouvellement, en 1792, par le représentant en mission Collombel, des autorités constituées, 1 liasse (sept. 1790–germ. an III).

Police. — Informations contre des fonctionnaires; suspects; troubles et conflits à propos d'élections, 2 liasses (1790–an IV).

Subsistances. — Produit de la récolte de 1791; recensement de grains; réquisitions de grains pour Toulouse et pour le camp de Toulon, 1 liasse (1791–an II).

Administration communale. — Délibérations de la municipalité de Rieux, 1 reg. (1791–1793).

Finances. — Dépenses générales à la charge du district; répartition de l'emprunt forcé; comptes rendus par les anciens receveurs du diocèse, etc. 1 liasse (1790–an III).

Comptabilité; domaine; charges locales, 1 reg. (1791–an IV).

Impositions des communes; correspondance (lettres envoyées et reçues); pétitions avec décision, 2 reg. (1792–an IV).

Armée. Travaux publics. — Affaires diverses de peu d'importance, 1 liasse (1790–an II).

Bureau des travaux publics : pétitions; réponses et décisions du directoire du district, 1 reg. (1791–an IV).

Cultes. — Déclarations de revenus du clergé; traitements et pensions des prêtres en fonctions et des ci-devant religieux, 2 reg. (1790–an II).

Saint-Gaudens [Mont-Unité] :

Quoique les deux appellations aient été alternativement usitées, la désignation de Saint-Gaudens était plus fréquente.

Délibérations et arrêtés du conseil et du directoire du district. — Délibérations du conseil du district, 1 liasse (1790-1792).

Délibérations et arrêtés du conseil et du directoire du district, 3 reg. (2 sept. 1790-20 vent. an III).

Délibérations et arrêtés du directoire du district, 1 reg. (3 oct. 1793-12 brum. an IV).

Élections. — Procès-verbaux d'assemblées primaires; nomination de fonctionnaires, etc., 1 liasse (1791-an IV).

Dossier très incomplet.

Police. — Troubles; situation du pays, etc.; correspondance, 1 liasse (1791-an III).

Finances. — Arrêtés concernant les contributions et les charges locales, 3 reg. (1791-an IV).

Rôles pour le remplacement des droits supprimés (ordre alphabétique par communes), 2 liasses (1790).

Contributions : répartement; état des dépenses générales à la charge du district, etc.; correspondance, 1 liasse (1790-an III).

Cultes. — Traitements des prêtres en fonctions; pensions aux ci-devant religieux, 2 reg. (1791-1793).

Pièces diverses (événements, manufactures, etc.), 1 liasse (1790-an IV).

Toulouse :

Transcription des lois et décrets. — 4 reg. (4 juill. 1790-an VIII).

Délibérations et arrêtés du conseil du district. — 1 reg. (24 sept. 1790-21 flor. an III).

Pièces à l'appui : procès-verbaux de délibérations; arrêtés divers; résultat des travaux du conseil (1790-1791), 1 liasse, 2 cah. impr. (1790-an III).

Délibérations et arrêtés généraux du directoire du district. — 17 reg. (2 sept. 1790-4 frim. an IV).

Délibérations et arrêtés du directoire du district sur pétitions, 8 reg. (22 août 1790-19 germ. an II).

Correspondance générale. — Correspondance générale du directoire du district (lettres envoyées et reçues), 8 reg. (22 sept. 1790-28 flor. an VIII).

Pièces à l'appui : lettres reçues par le directoire du district sur divers sujets, 1 liasse (1790).

Correspondance du procureur syndic et de l'agent national du district (lettres envoyées et reçues), 10 reg. (30 août 1793-prair. an IV).

Un registre de comptes décadaires rendus par l'agent national.

Envoi, avec avis de l'agent national, d'arrêtés des représentants du peuple et des pétitions, 1 reg. (22 niv. an II-29 frim. an IV).

Correspondance entre le district et les communes du ressort; affaires d'administration diverses, 3 liasses (1790-an III).

Élections et personnel. — Élections de divers fonctionnaires; organisation et attributions des bureaux du district; épuration des fonctionnaires par les représentants du peuple en mission; réorganisation de municipalités, 9 liasses (1790-an III).

Police. — Arrêtés et correspondance relatifs à la sûreté générale, 2 reg. (7 niv. an II-17 fruct. an III).

Subsistances. — Recensement des grains; approvisionnements des marchés; tarifs, 3 liasses (1792-an III).

Administration et comptabilité du district. — Inventaire des papiers du ci-devant district supprimé, 1 liasse (an IV).

Frais d'administration du district, 1 reg. (1792).

Bureau de comptabilité : arrêtés sur pétitions de communes, 1 reg. (1793-an III); sur pétitions de particuliers, 1 reg. (an III-an IV); arrêtés divers, 1 reg. (an II-an IV); correspondance du bureau, 2 reg. (an II-an IV).

Finances. — État des dépenses générales à la charge du district; taxes diverses; rôles des ci-devant privilégiés, etc. 3 liasses (1791-an III).

Affaires militaires. — Pièces diverses, 1 liasse (1791-an III).

Correspondance du directoire du district de Toulouse pour les affaires militaires (lettres envoyées et reçues), 1 reg. (1792-an IV).

Correspondance et arrêtés du bureau militaire (district de Toulouse); lettres envoyées et reçues, 5 reg. (an II-an IV).

Délibérations de la commission des charrois, 1 reg. (an II).

Correspondance du bureau d'habillement, d'équipement et de campement; lettres envoyées et reçues, 1 reg. (an II-an III).

Même bureau : arrêtés, 1 reg. (an II-an IV).

Travaux publics. — Rapports, vérifications, correspondance, 1 liasse (1790-an III).

Ordres de payement, 2 reg. (1791-1792).

Arrêtés, 1 reg. (an II-an IV).

Correspondance (lettres envoyées), 1 reg. (an II-an III).

Justice. — Dépenses de l'ordre judiciaire par le tribunal criminel, l'Université et les collèges, réglées par le district, 1 reg. (1791–1793).

Cultes. — Arrêtés concernant : le clergé séculier, 3 reg. (1791–an III); le clergé régulier, 2 reg. (1791–an II).

Arrêtés sur pétitions des membres du clergé, 2 reg. (1791–1793).

Assistance publique. — Distribution de secours aux indigents, aux malades, aux parents des défenseurs de la patrie, etc., 1 reg. (niv.-therm. an III).

VILLEFRANCHE-DE-LAURAGAIS :

Transcription des lois et décrets. — 4 reg. (1790–an III).

Délibérations et arrêtés du conseil du district. — 1 liasse (1790–an IV).

Délibérations et arrêtés du directoire du district. — 5 reg. (15 sept. 1790–5 frim. an IV).

Transcription d'arrêtés du conseil du département relatifs au district de Villefranche, 1 reg. (1790–1793).

Correspondance générale. — Correspondance du directoire du district (lettres envoyées et reçues), 1 reg. (15 sept. 1790–31 oct. 1792).

Correspondance du procureur syndic et de l'agent national du district (lettres envoyées et reçues) [30 sept. 1790–4 frim. an IV].

Administration générale. — Pièces diverses : événements locaux, situation politique, etc. 1 liasse (1790–an IV).

Finances. — Bureau des contributions; arrêtés sur pétitions, 2 reg. (1790–an III).

Rôles de plusieurs communes du district concernant le payement de la contribution en nature; vente faite par le district des sels trouvés dans les magasins de la ferme générale à Villefranche, 1 liasse, 1 reg. (1791–1792; an IV).

Affaires militaires. — Correspondance du bureau militaire du district (lettres écrites), 1 reg. (an III–an V).

Travaux publics. — Arrêtés sur pétitions, 1 reg. (1791–an II).

Correspondance relative aux travaux publics (lettres envoyées et reçues), 1 reg. (1791–an III).

Payements faits pour l'entretien des chemins, 1 reg. (1791–1792).

Cultes. — Traitements du clergé et pensions des ex-religieux, 2 reg. (1791–1793).

CANTONS.

On a conservé le classement primitif par circonscriptions des anciens districts, parce que les pièces isolées, provenant des cantons d'un même district, ont été groupées ensemble.

La plupart des registres de délibérations, arrêtés et correspondance, contiennent des renseignements sur l'insurrection royaliste de l'an VII.

Affaires générales. — Arrêtés, circulaires, instructions concernant l'installation des municipalités cantonales, leur organisation, leurs attributions (pièces provenant des divers pouvoirs publics), 1 liasse (an IV–an VII).

Mandats délivrés, en payement de leurs traitements, aux commissaires du Directoire exécutif près les cantons du département, 1 liasse (an IV–an V).

CANTONS DES CI-DEVANT DISTRICTS DE MURET ET DE RIEUX.

Rieux. — Correspondance de l'administration cantonale, 1 reg. (6 prair. an IV–10 germ. an VIII.)

De l'autre côté du registre, correspondance reçue et envoyée par le procureur syndic du district de Rieux [27 vend.–18 brum. an IV]. (Voir plus haut, col. 24, Rieux.)

Auterive, Carbonne, Cazères-sur-Garonne, Cintegabelle, Fousseret, Gaillac-Toulza, Lherm. — Nominations de commissaires du Directoire exécutif près chaque administration cantonale; élections, suspensions et remplacements d'agents et d'adjoints municipaux. Situation politique du canton de Fousseret en l'an VI. Destitution d'agents municipaux du canton de Lherm, ayant pris part à l'insurrection de l'an VII, 1 liasse (an IV–an VII).

Auterive. — Délibérations, 1 reg. (16 frim. an IV–17 vend. an VII).

Arrêtés sur pétitions, 1 reg. (5 frim. an IV–28 prair. an VII).

Un registre est encore à la mairie d'Auterive.

Cintegabelle. — Délibérations et arrêtés, 1 reg. (5 frim. an IV–15 flor. an VIII).

À la fin du registre, délibérations municipales (vend. an IX–pluv. an XIII).

Correspondance, 1 reg. (7 frim. an IV–21 prair. an VIII).

À la fin du registre, correspondance de l'administration municipale (26 vend. an X–17 fruct. an XI).

Correspondance de l'agent municipal de la commune de Cintegabelle, 1 cah. (7 prair.–20 therm. an VII).

Gaillac-Toulza. — Arrêtés sur pétitions, 1 reg. (2 pluv. an IV–5 prair. an VIII).

Correspondance, 1 reg. (3 frim. an IV–3 mess. an VIII).

Martres-Tolosane, Muret, Noé, Rieumes, Rieux, Saint-Lys, Saint-Sulpice-de-Lézat. — Nominations de commissaires du Directoire exécutif; élections, suspensions, remplacements des adjoints et agents municipaux. Réquisition de grains; recensement de bestiaux, 1 liasse (an IV–an VII).

Un registre d'administration cantonale est conservé à la mairie de Rieux.

Carbonne. — Délibérations, avis et arrêtés, 2 reg. an IV–an VIII).

Cazères-sur-Garonne. — Délibérations et arrêtés, 1 reg. (an V–an VIII).

À la suite, passeports, lettres du premier Empire.

Saint-Sulpice-de-Lézat. — Délibérations, arrêtés, avis, sur pétitions; passeports; rôles des patentes, 5 reg. ou cah. (an V–an VIII).

CANTONS DU CI-DEVANT DISTRICT DE SAINT-GAUDENS.

Aspet. — Délibérations et arrêtés, 1 reg. (27 brum. an IV–6 prair. an VIII).

Aurignac. — Délibérations et arrêtés, 4 reg. (27 brum. an IV–5 prair. an VIII).

Correspondance, 1 reg. (13 germ. an VI–4 prair. an VIII).

Boulogne-sur-Gesse, Saint-Bertrand-de-Comminges. — Délibérations et arrêtés des deux administrations, 1 reg. (an IV–an VIII).

Les registres de chaque canton ont été, après la Révolution, reliés en un seul volume.

L'Isle-en-Dodon. — Délibérations et arrêtés, 1 reg. (30 brum. an IV–15 flor. an VIII).

Montréjeau. — Délibérations et arrêtés, 1 reg., 2 cah. (28 brum. an IV–4 mess. an VII).

Saint-Béat. — Délibérations et arrêtés, 1 reg. (3 pluv. an IV–5 prair. an VIII).

Saint-Gaudens. — Délibérations et arrêtés, 2 reg. (24 pluv. an IV–6 prair. an VIII).

Saint-Martory. — Délibérations et arrêtés, 1 reg. (19 brum. an IV–12 vent. an VIII).

Salies-du-Salat. — Délibérations et arrêtés; correspondance (lettres envoyées), 1 reg. (17 brum. an IV–29 prair. an VIII).

Aspet, Aurignac, Bagnères-de-Luchon, Boulogne-sur-Gesse, L'Isle-en-Dodon. — Nomination de commissaires du Directoire exécutif; élections, suspensions, remplacements, destitutions d'agents et d'adjoints municipaux; tableaux de fonctionnaires. Réquisition de grains, 1 liasse (an IV–VII).

Montesquieu-Volvestre, Montréjeau, Saint-Béat, Saint-Bertrand-de-Comminges. — Élections, suspensions, destitutions, remplacements d'agents et d'adjoints cantonaux; notes sur les agents municipaux. Marchés, bestiaux, etc. 1 liasse (an IV–an VII).

Saint-Gaudens, Saint-Martory, Salies-du-Salat. — Nomination de commissaires du Directoire exécutif; élections d'agents et d'adjoints municipaux; renseignements sur leur compte; réquisition de fourrage, etc. 1 liasse (an IV–an VII).

CANTONS DES CI-DEVANT DISTRICTS DE TOULOUSE ET DE GRENADE.

Blagnac. — Délibérations et arrêtés, 1 reg. (1 frim. an IV–18 germ. an VIII).

Arrêtés sur pétitions, 1 reg. (9 frim. an IV–13 germ. an VIII).

Bruguières. — Délibérations, 2 reg. (1 frim. an IV–21 germ. an VIII).

Arrêtés, 3 reg. (15 niv. an IV–1 germ. an VIII).

Arrêtés sur pétitions, 1 reg. (1 frim. an IV–21 germ. an VIII).

Documents relatifs aux effets des Émigrés, à l'état civil, aux contributions; déclarations de résidence par des prêtres, etc., 1 liasse (an III–an VIII).

Élections d'agents et adjoints municipaux; électeurs nommés par les assemblées primaires. Relevés de la population, des bestiaux, des récoltes; dépenses locales; état des pensionnaires ecclésiastiques, etc. 2 liasses (an IV–an VIII).

Cadours. — Arrêtés, 4 cah. (23 brum. an IV–21 germ. an VIII).

Correspondance (lettres envoyées), 1 reg. (28 brum. an IV–21 germ. an VIII).

Castanet. — Délibérations et arrêtés, 3 reg. et cah. (17 frim. an IV–25 germ. an VIII).

Correspondance (lettres envoyées), 9 cah. (17 frim. an IV–25 germ. an VIII).

Castelnau-d'Estretefonds. — Délibérations et arrêtés, 3 reg. (an IV–an VIII).

Délibérations municipales de la commune de Saint-Sauveur; correspondance, 2 reg. (1791–an XII).

Grenade. — Délibérations, 2 reg. (24 brum. an IV–15 germ. an VIII).

Arrêtés sur pétitions, 2 reg. (frim. an IV–5 germ. an VIII).

Correspondance (lettres envoyées), 2 cah. (28 niv. an IV–9 germ. an VIII).

Correspondance du commissaire du Directoire exécutif près l'administration cantonale, 6 cah. (12 niv. an IV–9 germ. an VIII).

Délivrance de passeports, 2 cah. (an IV–an VIII).

Élections des agents et adjoints municipaux, des juges de paix et de leurs assesseurs, 1 liasse (an IV–an VI).

Léguevin. — Transcription des lois et décrets; délibérations, 3 reg. (18 flor. an III–18 germ. an VIII).

Correspondance de l'administration cantonale et du commissaire du Directoire exécutif (lettres envoyées), 1 reg. (1 pluv. an IV–12 fruct. an VI).

Correspondance de l'administration cantonale, pièces isolées (lettres envoyées), 1 liasse (an VI–an VIII).

Délivrance de passeports. Formation d'une colonne mobile, 1 reg. (28 frim. an IV–30 vent. an VIII).

Lévignac. — Délibérations et arrêtés, 2 reg. (2 vent. an III–24 germ. an VIII).

Correspondance (lettres envoyées), 1 reg. (29 fruct. an VII–16 germ. an VIII).

Enregistrement de pétitions, de passeports; correspondances diverses, 1 liasse (20 brum. an IV–3 vent. an VIII).

Montastruc-la-Conseillère. — Délibérations et arrêtés, 3 reg. (5 frim. an IV–25 germ. an VIII).

Arrêtés sur pétitions, 1 reg. (5 frim. an IV–25 mess. an V).

Correspondance, 2 reg. (5 brum. an IV–20 germ. an VIII).

Correspondance du commissaire du Directoire exécutif près l'administration cantonale, 1 reg. (an IV–an VIII).

Correspondance de l'agent municipal de la commune de Montastruc, 1 reg. (13 brum. an IV–19 germ. an VIII).

Tableaux des fonctionnaires; procès-verbaux d'assemblées primaires; élections d'agents et d'adjoints municipaux; correspondance diverse, etc. 1 liasse (an IV–an VIII).

Certificats de résidence pour les fonctionnaires et les pensionnés; affaires diverses, 1 liasse (an IV–an VIII).

Toulouse (Ville). — Délibérations et arrêtés, 3 reg. (1 frim. an IV–8 germ. an VIII).

Avis et arrêtés sur pétitions en fait de contribution et en matières diverses, 2 reg. (8 frim. an IV–8 germ. an VIII).

Correspondance, 1 reg. (22 frim. an IV–8 germ. an VIII).

Comptabilité de l'administration cantonale, 1 reg. (8 frim. an IV–6 germ. an VIII).

Toulouse (Forain). — Correspondance du commissaire du Directoire exécutif, 1 reg. (brum. an IV–germ. an VIII).

Constitution de l'administration cantonale; élection d'agents et d'adjoints municipaux; registres civiques ou listes communales des électeurs; procès-verbaux d'assemblées primaires. Contributions; instruction primaire; justices de paix, etc. 2 liasses (an IV–an VII).

Verfeil. — Délibérations et arrêtés, 3 reg. (27 brum. an IV–20 germ. an VIII).

Correspondance, 3 reg. (24 brum. an IV–7 germ. an VIII).

Correspondance du commissaire du Directoire exécutif près l'administration cantonale, 1 reg. (7 vend. an VI–11 germ. an VIII).

Arrêtés de l'administration cantonale; copies d'arrêtés du département; procès-verbaux des fêtes décadaires. État de la population en l'an VI, dans le canton, 1 liasse (an IV–an VIII).

Villemur. — Délibérations et arrêtés, 2 reg. (an IV–an VIII).

À la fin du second registre, correspondance du commissaire du Directoire exécutif près l'administration cantonale.

Villemur, Verfeil. — Nomination de commissaires du Directoire exécutif; élection d'agents et d'adjoints municipaux; compte de gestion de l'administration de la commune de Villemur; état des dépenses cantonales et communales du canton de Villemur, 1 liasse (an IV–an VIII).

Blagnac, Cadours, Castanet, Castelnau-d'Estretefonds, Léguevin, Levignac. — Nomination de commissaires du Directoire exécutif près les administrations cantonales; élections d'agents et d'adjoints municipaux; population; marchés de Toulouse, etc. 1 liasse (an IV–an VII).

CANTONS DES CI-DEVANT DISTRICTS DE REVEL ET DE VILLEFRANCHE.

Avignonnet. — Arrêtés, 1 reg. (30 brum. an IV–28 flor. an VIII).

Arrêtés sur pétitions, 1 reg. (26 frim. an IV–7 brum. an VIII).

Baziège. — Délibérations et arrêtés, 2 reg. (1 vend. an V–1 vend. an VIII).

Arrêtés pris sur pétitions, 1 reg. (25 niv. an IV–12 flor. an VIII).

Correspondance (lettres envoyées), 1 reg. (an V–an VIII).

Caraman. — Délibérations, 2 reg. (1 frim. an IV–30 flor. an VIII).

Enregistrement de pétitions; arrêtés sur pétitions; transcription d'arrêtés de l'administration départementale; passeports, 1 liasse (an IV–an VIII). États des citoyens du canton soumis à la patente, 1 reg. (8 vend. an V–28 flor. an VII).

Lanta. — Délibérations et correspondance de l'administration; correspondance du commissaire du Directoire exécutif près l'administration cantonale. Feuilles de route; affaires diverses, 1 liasse (5 frim. an IV–30 flor. an VIII).

Montesquieu-sur-Canal. — Délibérations et arrêtés, 1 reg. (24 brum. an IV–30 flor. an VIII).

Correspondance (lettres envoyées et reçues), 1 reg. (2 brum. an IV–28 flor. an VIII).

Montgiscard. — Enregistrement des lois et décrets; délibérations, arrêtés et correspondance. Recettes et dépenses des grains provenant de réquisitions, etc. 12 cah. (1 frim. an IV–28 flor. an VIII).

Nailloux. — Délibérations et arrêtés, 1 reg. (30 brum. an IV–23 vend. an VIII).

Revel. — Délibérations et arrêtés, 1 reg., 9 cah. (17 brum. an V–28 flor. an VIII).

Correspondance (lettres envoyées). Enregistrement de passeports, 1 reg., 12 cah. (16 brum. an IV–28 flor. an VIII).

Saint-Félix-de-Caraman. — Délibérations et arrêtés; passeports, 1 reg. (18 brum. an IV–24 vent. an VIII).

Villefranche-de-Lauragais. — Procès-verbaux des séances de permanence tenues par le conseil du district pendant l'insurrection de l'an VII, 1 reg. (fragments) [fin de l'an VII].

Avignonet, Baziège, Caraman, Lanta, Montgiscard, Nailloux, Revel, Saint-Félix-de-Caraman, Villefranche. — Nomination de commissaires du Directoire exécutif près les administrations cantonales; élections, destitutions, remplacements d'agents communaux; listes communales des électeurs et des éligibles, 1 liasse (an IV–an VIII).

FONDS DIVERS.

COMITÉS DE SURVEILLANCE.

Affaires générales. — Instructions relatives aux sociétés populaires, aux divers comités; tableaux de sociétés; fermeture; réorganisation, etc. 1 liasse (1793–an VIII).

Établissement d'un comité de sûreté ou de surveillance dans chaque chef-lieu de district et de canton; listes de présentation; correspondance; comptes, 1 liasse (1793–an IV).

Remaniement des comités de surveillance, dans le district de Toulouse, par le représentant Dartigoeyte; membres des comités, 1 liasse (1 vent.–9 germ. an II).

Tableaux des membres; nominations; délibérations et correspondance des comités de surveillance et des sociétés populaires; cahiers des comités. Listes de détenus avec notes, etc. 8 liasses (1793–an V).

Toulouse. — Comité de Salut Public : liste des membres; comptes rendus décadaires du comité, 1 liasse (niv. an II–therm. an III).

SOCIÉTÉS POPULAIRES.

Les mairies de Grenade, Montastruc-la-Conseillère et Montesquieu-Volvestre possèdent les registres de délibérations des sociétés populaires de la localité.

Villefranche-de-Lauragais. — Société des Amis de la Constitution, 1 cah. (20 therm.–26 fruct. an II).

Délibérations de la société populaire des Amis de la Liberté et de l'Égalité, 1 reg. (mess. an II–14 vent. an III).

Manquent les 22 premières pages.

A la fin du registre : Mourvilles-Hautes : délibérations de la société populaire de la Montagne, ci-devant Mourvilles-Hautes (1er cah., 1 mai 1793–6 niv. an II).

Mourvilles-Hautes. — Société des Montagnards : délibérations (2e cah., 9 niv. an II–14 vent. an III).

Le 1er cahier fait suite au registre de la société populaire (les Amis de la Liberté et de l'Égalité) de Villefranche-de-Lauragais. A la suite : livre de recettes des membres de la société populaire séant à Mourvilles-Hautes (12 mai 1793–28 flor. an III).

Toulouse. — Délibérations en séances publiques, 4 reg. (27 janv. 1791–21 mai 1793).

Club littéraire et patriotique (ou club de la Constitution) : délibérations particulières, 3 reg. (6 mai 1790–24 août 1793).

Délibérations en comité économique, 1 reg. (27 août 1790–16 pluv. an II).

Correspondance (lettres envoyées), 1 reg. (30 sept. 1790–23 mars 1792).

Société populaire des Amis de la Liberté et de l'Égalité ou société populaire (ci-devant club littéraire et patriotique ou société des amis de la Constitution) : délibérations en séances publiques, 3 reg. (5 juin 1793–21 vend. an III).

Délibérations particulières, 1 reg. (25 août–9 oct. 1793).

Correspondance (lettres envoyées), 1 reg. (31 mars 1792–31 août 1793).

Société populaire républicaine des Sans-Culottes : correspondance (lettres envoyées), 1 reg. (22 août 1793–13 brum. an III).

Comité des subsistances de la société populaire : délibérations, 1 reg. (25-29 mars 1793).

De l'autre côté du registre, en sens inverse : «Inventaire des archives de la société des Amis de la Constitution, 10 juillet 1790».

Comité de bienfaisance de la société populaire : délibérations, 1 reg. (7 pluv. an II-14 frim. an III).

Certificats de civisme délivrés par des membres de la société populaire, 2 liasses (1793-an III).

Saint-Félix-de-Caraman. — Société des Sans-Culottes de Bellevue, ci-devant Saint-Félix : délibérations, 1 cah. (21 prair. an II-25 vent. an III).

3e cahier, les 2 premiers sont perdus.

Saint-Sulpice-de-Lézat [Libre-Lèze]. — Société populaire et régénérée des Amis de l'Égalité et de la Liberté : délibérations, 1 reg. (22 mess. an II-20 pluv. an III).

TRIBUNAUX.

Justices de paix. — Sentences, procédures : cantons de Blagnac, Toulouse et Grenade, 4 liasses (1791-an VI).

Jugements et transactions rendus par le juge de paix du canton d'Auterive, séant à Miremont, commune du canton, 1 cah., 2 fév. 1791-13 mars 1793).

Tribunaux de districts : de Grenade, séant à Beaumont-de-Lomagne, 7 portef. (1791-an III).

— **de Rieux.** — 12 cart. (1791-an III).

— **de Villefranche-de-Lauragais.** — 9 portef. (1791-an IV).

— **de Toulouse.** — Civil : sentences, 25 reg. (1791-an III).

— Audiences, 1 reg. (1791-1792)

Criminel, 4 reg. (1790-an VI).

Les sentences postérieures à l'an IV ont été rendues par le tribunal correctionnel de Toulouse.

Tribunal civil du département. — Jugements, 75 reg. (an IV-an VIII).

Audiences, 1 reg. (1791-1792).

Tribunal criminel du département. — Arrêtés rendus en chambre de conseil, 1 reg. (1791-an II).

Jugements, 2 reg. (1791-an VIII).

La collection se termine par un 3e registre, qui va de l'an VIII à 1811, époque de la réorganisation de la justice criminelle.

Tribunal de police correctionnelle du canton de Cintegabelle. — 1 cah. (13 flor. an II-9 frim. an VI).

Tribunal révolutionnaire du département. — Jugements, 1 reg. (25 niv.-6 germ. an II).

Collection incomplète.

Procédures du tribunal criminel, du tribunal révolutionnaire et de diverses juridictions de la Haute-Garonne. — Environ 2,000 liasses (1790-an VIII).

Collection considérable, cédée par le greffe de la cour d'assises, et actuellement en voie de classement; elle n'a pas été encore transportée dans la section judiciaire du dépôt des archives.

MÉLANGES.

Affaires diverses d'intérêt général et ne se rattachant pas spécialement à la Haute-Garonne : brochures concernant les débuts de la Révolution (quelques pièces pour la noblesse de la sénéchaussée de Toulouse); numéros de journaux (isolés, pas de collection). 2 liasses, 2 portef. (1789-an VIII).

Enregistrement des discours, opinions et jugements des tribunaux révolutionnaires de Paris et de Bordeaux, 1 reg. (28 oct. 1792-13 mess. an II).

MINISTÈRE DE L'INSTRUCTION PUBLIQUE, DES BEAUX-ARTS
ET DES CULTES

DIRECTION DES ARCHIVES

ÉTAT SOMMAIRE

DES PAPIERS DE LA PÉRIODE RÉVOLUTIONNAIRE

CONSERVÉS DANS LES ARCHIVES DÉPARTEMENTALES

SÉRIE L

LOIRE

ARCHIVISTE : M. DE FRÉMINVILLE

EXTRAIT DU TOME PREMIER (AIN À LOIRE-INFÉRIEURE)

PARIS
IMPRIMERIE NATIONALE

MDCCCCVII

MINISTÈRE DE L'INSTRUCTION PUBLIQUE, DES BEAUX-ARTS ET DES CULTES

DIRECTION DES ARCHIVES

ÉTAT SOMMAIRE

DES PAPIERS DE LA PÉRIODE RÉVOLUTIONNAIRE

CONSERVÉS DANS LES ARCHIVES DÉPARTEMENTALES

SÉRIE L

LOIRE

Archiviste : M. de Fréminville

EXTRAIT DU TOME PREMIER (AIN À LOIRE-INFÉRIEURE)

PARIS
IMPRIMERIE NATIONALE

MDCCCCVII

MINISTÈRE DE L'INSTRUCTION PUBLIQUE, DES BEAUX-ARTS ET DES CULTES

DIRECTION DES ARCHIVES

ÉTAT SOMMAIRE

DES PAPIERS DE LA PÉRIODE RÉVOLUTIONNAIRE

CONSERVÉS DANS LES ARCHIVES DÉPARTEMENTALES

SÉRIE L

LOIRE

ARCHIVISTE : M. DE FRÉMINVILLE

EXTRAIT DU TOME PREMIER (AIN À LOIRE-INFÉRIEURE)

PARIS
IMPRIMERIE NATIONALE

MDCCCCVII

LOIRE.

Les districts de Montbrison, Roanne et Saint-Étienne furent séparés du département de Rhône-et-Loire et constitués provisoirement en département distinct sous le nom de département de la Loire, avec Feurs comme chef-lieu, par un arrêté des représentants du peuple en mission Dubois-Crancé, De Laporte, Javogues et Gauthier, en date du 12 août 1793. La Convention ratifia définitivement cette séparation par le décret du 29 brumaire an II. Les archives du département de Rhône-et-Loire sont conservées aujourd'hui aux archives du Rhône. C'est donc dans ce dépôt que l'on trouvera les papiers de l'administration départementale pour l'époque antérieure à la séparation, de même que ceux du tribunal révolutionnaire de Feurs, transféré plus tard à Lyon. La série L, qu'il n'y a pas lieu d'espérer voir s'accroître par de nouvelles réintégrations de documents, est en partie classée.

DÉPARTEMENT.

Transcription des lois et décrets. — 6 reg. (22 juill. 1790–26 déc. 1792, 31 mai 1793–14 germ. an XI).

Délibérations et arrêtés du conseil et du directoire du département. — Procès-verbal de la 1re séance du conseil du département de Rhône-et-Loire tenue le 3 nov. 1790. Session de ce même conseil, du 3e jour de la 1re décade an II au 5 nivôse an II. Séances du directoire, du 5 nivôse an II au 8 ventôse an II. 2 reg.

En tête du second registre figure l'arrêté des représentants du peuple Dubois-Crancé, De Laporte, Javogues et Gauthier, séparant les districts de Montbrison, Roanne et Saint-Étienne du département de Rhône-et-Loire et constituant provisoirement le département de la Loire, avec Feurs comme chef-lieu (12 août 1793).

Délibérations et arrêtés du directoire du département. — 7 reg. (9 vent. an II–6 brum. an IV).

Délibérations et arrêtés de l'administration centrale du département. — 17 reg. (7 brum. an IV–5 germ. an VIII).

Lacune, du 29 fructidor an V au 25 vendémiaire an VI.

Correspondance et arrêtés de l'administration centrale du département, 7 reg., 1 liasse (14 brum. an IV–18 prair. an VIII).

Actes des représentants du peuple en mission. — Arrêtés, lettres, proclamations des représentants A.-L. Albitte, Boisset, Borel, Charlier, De Laporte, Dubois-Crancé, Fauchet, Gauthier, Javogues, Lemoyne, Méaulle, Pocholle, Reverchon, Richaud, Tellier, Vezin, concernant principalement la création du département de la Loire (12 août 1793), l'armement de la 1re réquisition (1793), l'établissement des brigades de gendarmerie (1794), la surveillance de l'exploitation des mines et de la fabrication des armes (1794), la levée des chevaux, mulets, voitures, harnais (1794), la destruction des châteaux forts (1793), la conversion des églises en temples de la raison (1793), le payement des comités de surveillance (an II), des membres des comités révolutionnaires (an III), les mines de charbon de Rive-de-Gier (an III), le renouvellement des administrations de département, de districts et des municipalités (an III et an VIII), 7 liasses (31 janv. 1793–26 niv. an VIII).

Registres d'ordre de la correspondance générale. — 4 reg. (13 brum.–27 fruct. an II; 5 prair. an IV–27 prair. an VIII).

Correspondance générale. — Lettres adressées aux administrations centrales de la République et du département; autres lettres émanant du département ou des administrations de districts, municipales, de cantons et de divers particuliers. États décadaires des travaux du directoire du département. 26 reg., 4 liasses (21 avril 1791–21 brum. an XIII).

AFFAIRES DIVERSES.

Personnel et administration générale. — Procès-verbaux d'élections de fonctionnaires : administrateurs, curés, etc. Instructions et circulaires des comités de salut public, de sûreté générale et de législation, arrêtés de police. Signatures et empreintes des sceaux des administrations centrales de divers départements de la République. Comptes des opérations administratives dirigées par les administrateurs Martin, président du conseil d'administration, Dubouchet, Monnate, Lagier, Ballandrod. Rapport général des administrateurs au représentant du peuple délégué des Consuls. Compte moral et politique de l'administration centrale du département. Arrêtés relatifs à la répression du brigandage. 3 reg., 6 liasses (16 vent. an II–5 germ. an VIII).

Administration et comptabilité départementale. — Ordonnances de payement pour travaux publics; arrêtés du bureau de comptabilité. Inventaire des objets mobiliers des bureaux et des presses, fontes et autres objets provenant de l'imprimerie de la loterie à Lyon. État des fournitures faites pour le siège de Lyon; indemnités aux citoyens qui ont marché contre cette ville. Dépenses de l'ordre judiciaire et de l'ordre administratif. Tableau des dettes arriérées. Correspondance du bureau de comptabilité. 10 reg., 4 liasses (19 brum. an II–30 flor. an XIII).

Finances. — Délibérations et arrêtés du bureau des contributions. Arrêtés de réduction des contributions mobilières. Rapport estimatif des propriétés foncières de la commune de Feurs dressé par le citoyen Pierre Pariat. Circulaires du ministre des finances relatives à l'organisation de la régie de l'enregistrement. 3 liasses, 8 reg. (9 brum. an II–4 prair. an XIII).

Guerre et affaires militaires. — Délibérations et arrêtés du bureau militaire. Fournitures aux troupes et à la gendarmerie. Répertoire des procès-verbaux et adjudications de fournitures militaires. Correspondance avec le ministre de la guerre. 5 reg. (9 brum. an II–29 brum. an VI, 16 fruct. an VII–2 janv. 1807).

Travaux publics. — Délibérations, arrêtés, correspondance concernant les travaux publics, 2 reg. (7 frim. an II–5 brum. an VII).

Instruction publique, sciences et arts. — Arrêtés relatifs à l'instruction publique, 1 reg. (26 vend. an VI–15 brum. an VII).

Établissements de répression. — Arrêtés relatifs aux prisons et maisons d'arrêt, 1 reg. (26 vend. an VI–15 brum. an VII).

DISTRICTS.

MONTBRISON :

Transcription des lois et décrets. — 3 reg. (18 juill.–12 oct. 1790, 14 mars 1793–26 fruct. an IV).

Délibérations et arrêtés du conseil du district. — 10 reg. (20 juill. 1790–19 prair. an III).

Délibérations et arrêtés du directoire du district. — 12 reg. (12 juill. 1790–14 brum. an IV).

Dans quelques registres, les délibérations et arrêtés du conseil et du directoire sont mélangés.

Pièces à l'appui des délibérations et arrêtés, 1 liasse (7 janv. 1791–30 mars 1792).

Registres d'ordre de la correspondance générale. — 2 reg. (14 germ. an II–6 prair. an IV).

Correspondance générale. — Lettres du procureur général syndic et des administrateurs du département de Rhône-et-Loire et des districts de Saint-Étienne, Le Puy et Ambert aux administrateurs, procureur syndic, agent national du district de Montbrison. Lettres du directoire et de l'agent national du district à l'administration centrale du département, aux autorités supérieures, aux représentants du peuple, aux comités de la Convention, aux comités de surveillance et aux sociétés populaires, relativement aux pétitions et affaires contentieuses du ressort du procureur syndic et de l'agent national du district. 35 reg., 8 liasses (16 juin 1790–5 fruct. an VII).

Personnel et administration générale. — Compte rendu de la gestion du directoire du district. Procès-verbaux de prestation de serment civique par les membres du conseil et du directoire du district, les officiers municipaux de diverses communes et les fonctionnaires de la République domiciliés à Montbrison. Fêtes à l'occasion de la Fédération. Procès-verbaux des assemblées primaires électorales. Tableaux des maires, agents nationaux, fonctionnaires publics et notables de chaque commune. Délibérations des corps administratifs réunis en surveillance permanente en exécution de la loi du 8 juillet 1792. Démolition des remparts de Montbrison. 1 reg., 8 liasses (11 juill. 1790–30 germ. an VII).

Administration et comptabilité du district. — Comptabilité. Enregistrement de mandats délivrés pour fabrication de souliers. Arrêtés du directoire du district ordonnant le payement des fournitures faites aux troupes, frais de voiture, etc. 2 reg., 3 liasses (13 janv. 1791–11 brum. an IV).

Finances. — Demandes en réductions de contributions; arrêtés intervenus. 4 reg. (7 avril 1791–26 janv. 1793, 5 vent. an II–26 flor. an III).

Guerre et affaires militaires. — États de solde des prêts des prisonniers de guerre. Contrôle nominatif de 127 prisonniers de guerre piémontais envoyés à Saint-Étienne. Lettres diverses, circulaires et arrêtés relatifs à l'administration militaire, aux poudres et salpêtres, à la remise des parchemins pour être employés au service des arsenaux. 2 reg., 3 liasses (11 mars 1793–1 vend. an XI).

ROANNE :

Transcription des lois et décrets. — 2 reg. (23 janv. 1790-12 août 1793).

Délibérations et arrêtés du conseil du district. — 1 cah. (15-29 sept. 1790).

Délibérations et arrêtés du directoire du district. — 6 reg. (23 juill. 1790-25 brum. an IV).

Registres d'ordre de la correspondance générale. — 6 reg. (4 janv. 1791-1 frim. an IV).

Correspondance générale. — Lettres des représentants du peuple, des comités de la Convention, du comité de salut public, du procureur général syndic du département, au procureur syndic du district. Lettres du procureur syndic, du directoire et de l'administration du district aux municipalités, aux particuliers, au procureur général syndic et à l'administration du département de Rhône-et-Loire, aux autres districts, et aux départements étrangers. 22 reg., 7 liasses (15 juill. 1790-29 flor. an V).

Personnel et administration générale. — Procès-verbaux d'installation du directoire du district. Comptes rendus administratifs. Renouvellement des municipalités de Belleroche, Champoly, Changy, Ouches, Pinay, Riorges, Saint-Marcel-sous-Urfé, Saint-Victor-sur-Rhins. Procès-verbaux de nomination de maires et officiers municipaux. Procès-verbaux constatant la coupe des arbres de la liberté dans les communes de Nandax, Saint-Hilaire, Saint-Martin-de-Boisy, Violay, Chandon, Verrières et Cezay. Instructions et renseignements sur les postes aux lettres et aux chevaux du district. Circulaires adressées par la commission temporaire de surveillance républicaine de Commune-Affranchie. Renseignements sur le renouvellement des municipalités, sociétés populaires et commissions de surveillance. 17 liasses (21 juin 1790-6 vend. an IV).

Administration et comptabilité du district. — États des dépenses afférentes aux traitements des administrateurs, du procureur syndic et des employés des bureaux. État des frais de justice et d'administration. Ordonnances de payement. 6 reg., 2 liasses (31 juill. 1790-25 brum. an IV).

Finances. — Ordonnances de réduction des contributions. Instructions sur les rapports des receveurs de district avec la trésorerie nationale. 3 reg., 2 liasses (1791-20 mars 1794).

Guerre et affaires militaires. — Arrêtés relatifs aux subsistances des troupes, 1 reg. (14 fruct. an III-12 brum. an IV).

Travaux publics. — Avis et décisions du directoire du district sur diverses pétitions concernant les travaux publics, 1 reg. (31 oct. 1791-7 brum. an IV).

Instruction publique, sciences et arts. — Renseignements sur les écoles primaires de districts. Instructions du comité de l'instruction publique. 2 liasses (8 pluv. an II-19 germ. an III).

Établissements de bienfaisance et assistance publique. — Renseignements sur les hôpitaux, enfants trouvés, sourds-muets, aveugles, fous, insensés et incurables, 2 liasses (27 sept. 1790-20 juill. 1793).

Établissements de répression. — État des détenus dans la maison de reclusion de Roanne. Renseignements sur les maisons d'arrêt. 1 reg., 1 liasse (9 mars 1791-10 oct. 1794).

SAINT-ÉTIENNE :

Transcription des lois et décrets. — 4 reg. (18 juin-15 déc. 1790; 21 sept. 1792-31 janv. 1793; 1 pluv. an II-23 brum. an IV).

Délibérations et arrêtés du conseil du district. — 5 reg. (15-30 sept. 1790; 17 oct. 1791-2 niv. an IV).

Délibérations et arrêtés du directoire du district. — 4 reg. (22 juill. 1790-6 févr. 1792; 16 juill. 1793-13 therm. an IV). Arrêtés. 1 reg. (16 frim. an II-15 brum. an III).

Registres d'ordre de la correspondance générale. — 2 reg. (16 nov. 1792-31 août 1793; 27 frim.-13 therm. an VI).

Correspondance générale. — Lettres et circulaires des administrateurs et du procureur général syndic du département, du directoire et de l'agent national du district, aux administrateurs et procureur syndic du district, aux agents nationaux des municipalités de son ressort, aux autorités supérieures, municipalités et comités révolutionnaires. Comptes décadaires rendus par les agents nationaux des communes au procureur syndic du district. 8 reg., 4 liasses (21 août 1790-11 niv. an IV).

Personnel et administration générale. — Procès-verbaux de nomination des membres du district, des juges et des curés à remplacer. Comptes de gestion des administrateurs du district. Démolition des tours et bastions du château de Saint-Chamond. Arrestation du maire et du procureur de la commune. Blés fauchés et mûriers coupés à Saint-Pierre-de-Bœuf et à Chavanay. Tableaux de maires et officiers municipaux. Procès-verbal d'assemblée de la municipalité de Saint-Priest (20 prair. an III). Assemblée primaire de la section des droits de l'homme de la section de Saint-Étienne des 1 et 2 germinal an VII. 6 liasses (21 juin 1790–19 juill. 1793; 13 mess. an II–2 germ. an VII).

Administration et comptabilité du district. — Délibérations et arrêtés concernant les dépenses de l'ordre administratif et judiciaire. Visas des quittances de consignation. Ordonnances de payement pour indemnités de voyage des fédérés à Paris. États des dépenses communales. 4 reg., 3 liasses (11 août 1791–3 niv. an IV–16 germ. an VII–11 niv. an X).

Finances. — Tableau des décharges et réductions sur les contributions. Arrêté portant dégrèvement des impositions foncières et mobilières de la commune de Deçà-Loire pour l'année 1793. Ordonnances de décharges. Arrêtés du bureau des contributions. 1 reg. (17 mars 1791–8 niv. an VIII).

Guerre et affaires militaires. — Registre des sommes à payer aux militaires pour solde, récompenses ou frais de route (3 et 5 sous par lieue). Copies de lettres du bureau militaire adressées à divers. 2 reg. (17 mars 1794–14 germ. an V).

Travaux publics. — Délibérations et arrêtés concernant les routes, travaux publics et mines. Jonction des rivières de Semène et du Furens. Journal de distributions de grains et de pain aux ouvriers. 6 reg. (24 janv. 1791–14 brum. an IV).

CANTONS.

Les fonds cantonaux comprennent un certain nombre de documents d'origine exclusivement communale ou mixte.

Boën. — Personnel et administration générale, 1 liasse (7 therm. an IV–1 therm. an XII).

Bourg-Argental. — Délibérations communales et cantonales, 2 reg. (8 brum. an III–21 flor. an VIII).

Cervières. — Registre d'ordre; correspondance; 1 liasse (6 vent. an IV–5 germ. an VIII).

Personnel et administration générale, 1 liasse (7 therm. an IV–1 therm. an XII).

Chazelles-sur-Lyon [Chazelles-la-Victoire]. — Délibérations, 1 liasse (6 niv. an IV–18 flor. an VIII).

Personnel et administration générale, 1 liasse (7 therm. an IV–1 therm. an XII).

Feurs. — Délibérations, 1 reg. (22 brum. an V–23 flor. an VIII).

Registre d'ordre. Correspondance. 1 reg. (12 therm. an V–11 prair. an VII).

Personnel et administration générale, 1 liasse (7 therm. an IV–1 therm. an XII).

La Fouillouse. — Délibérations, 1 reg. (24 brum. an IV–1er jour compl. an V).

Registre d'ordre. Correspondance. 1 reg. (30 brum.–23 flor. an VIII).

La Pacaudière. — Registre d'ordre. Correspondance. 1 reg. (18 flor. an VII–22 brum. an XI).

Le Chambon. — Délibérations, 1 reg. (22 therm. an VI–9 flor. an VIII).

Maclas. — Délibérations communales et cantonales, 1 reg. (14 therm. an II–16 flor. an VIII).

Montbrison. — Délibérations, 1 liasse (22 frim. an IV–16 flor. an VIII).

Registres d'ordre. Correspondance. 3 liasses (20 mars 1791–24 germ. an VIII).

Personnel et administration générale, 2 liasses (1 germ. an VI–6 prair. an VIII; 7 therm. an IV–1 therm. an XII).

Finances, 1 liasse (15 brum. an V–17 fruct. an VII).

Pélussin. — Délibérations communales et cantonales, 2 reg. (30 flor. an III–11 flor. an VIII; 3 niv. an IV–29 brum. an VII).

Saint-Bonnet-le-Château. — Personnel et administration générale, 1 liasse (7 therm. an IV–1 therm. an XII).

Finances, 1 liasse (5 vent. an V–19 flor. an VIII).

Saint-Galmier. — Délibérations, 1 reg. (1 frim.–21 flor. an VII; 18 vend.–8 flor. an VIII).

Registre d'ordre. Correspondance. 1 reg. (1 frim. an IV–5 prair. an VIII).

Personnel et administration générale, 1 reg. (7 therm. an IV–1 therm. an XII).

Saint-Genest-Malifaux [Malifaux]. — Délibérations communales et cantonales, 1 reg. (19 pluv. an II–23 flor. an VIII).

Saint-Georges-en-Couzan. — Délibérations, 1 liasse (20 niv. an IV–25 flor. an VIII).

Personnel et administration générale, 1 liasse (7 therm. an IV–1 therm. an XII).

Saint-Jean-Soleymieux. — Délibérations communales et cantonales. Registre d'ordre. Correspondance. 2 reg. (8 févr. 1790–5 germ. an VIII).

Personnel et administration générale, 2 reg. (25 germ. an III–28 prair. an V; 7 therm. an IV–1 therm. an XII).

Saint-Marcellin. — Délibérations communales et cantonales. Registre d'ordre. Correspondance. 1 reg. (27 mai 1790–9 prair. an VIII).

Personnel et administration générale, 1 reg. (7 therm. an IV–1 therm. an XII).

Saint-Rambert. — Délibérations, 1 reg. (8 frim. an IV–1 flor. an VIII).

Registre d'ordre. Correspondance. 1 reg. (1 germ. an VI–28 frim. an VIII).

Sury-la-Chaux. — Délibérations, 1 reg. (5 frim. an IV–27 germ. an VIII).

Registre d'ordre. Correspondance. 6 liasses (20 déc. 1790–29 pluv. an VIII).

Personnel et administration générale, 1 liasse (7 therm. an IV–1 therm. an XII).

FONDS DIVERS.

COMITÉS DE SURVEILLANCE ET AUTRES COMITÉS RÉVOLUTIONNAIRES.

Ambierle. — Délibérations, correspondance, 1 reg. (17 niv. an II–25 vend. an III).

Boën. — Arrêtés du directoire du district et des représentants du peuple, concernant l'indemnité due aux membres du comité, 1 liasse (15 pluv. an II–23 niv. an III).

Cervières. — Délibérations et dénonciations. Registre de délibérations, procès-verbaux et arrêtés du comité de salut public établi à Noirétable par les citoyens Dulac et Limet, commissaires des représentants du peuple Couthon, Maigret et Châteauneuf-Randon. 1 liasse (13 sept. 1793–3 fruct. an II).

Chambon. — Procès-verbaux des séances et délibérations; dénonciations; inventaires d'objets mobiliers. 1 liasse (19 sept. 1793–27 fruct. an II).

Changy. — Dénonciations, 1 cah. (27 brum. an II–30 therm. an II).

Charlieu. — Procès-verbaux des séances et délibérations, 2 reg. (20 mai 1793–6 fruct. an II).

Chazelles-sur-Lyon [Chazelles-la-Victoire]. — 1 liasse (26 niv.–1 flor. an II).

Chérier. — Procès-verbaux des séances, 1 reg. (10 frim.–5ᵉ sans-culott. an II).

Combre. — Délibérations, 1 reg. (9 juin 1793–9 fruct. an II).

Coutouvre. — Délibérations, 1 reg. (12 mai 1793–20 flor. an II).

Feurs. — Pétitions en payement des frais de bureau et de l'indemnité due aux membres du comité. Nomination du président et du secrétaire. 1 liasse (8 brum.–25 fruct. an II).

Firminy. — Délibérations et arrêtés. Tableau général des opérations. 1 liasse (18 frim.–30 fruct. an II).

La Fouillouse. — Procès-verbaux des séances et délibérations, 1 liasse (9 pluv.–28 fruct. an II).

La Pacaudière. — Délibérations; dénonciations; lettres et instructions diverses. 1 liasse (9 juin 1793–14 vend. an III).

Lay. — Délibérations et dénonciations; ordre d'arrestation des citoyens Desvernay-Desharbres, veuve Desvernay, Gouttenoire, Jouvencel, Montmaint, Auclerc, Joly et Martel, signé Lapalus. 2 reg. (15 frim.–3ᵉ jour compl. an II).

Marlhes. — État des jours où les membres se sont assemblés et noms de ces membres, 1 liasse (2 frim. an III).

Moingt. — Arrêté des représentants du peuple autorisant le receveur du district de Boën à payer à chacun des membres du comité le traitement qui leur est dû (5 niv.–3 therm. an II).

Montagny. — Procès-verbaux des séances, 1 reg. (12 mai 1793–11 vend. an III).

Montbrison. — Délibérations; dénonciations; mandats d'arrêt; certificats de civisme et passeports. Liste des membres de la société populaire de Montbrison. Devis des travaux pour l'organisation de la salle des séances de la société des Amis de la liberté à Montbrison. 3 liasses (10 août 1793–11 flor. an III).

Néronde. — Délibérations. Inventaires d'objets mobiliers. 1 cah. (10 brum.–19 niv. an II).

Parigny. — Arrêtés du comité de sûreté publique, 1 liasse (24 févr. 1793–3ᵉ sans-culott. an II).

Pélussin. — Procès-verbaux des séances et délibérations, 1 reg. (20 prair.–30 fruct. an II).

Perreux. — Délibérations; dénonciations; correspondance. 1 liasse (14 brum.–2 frim. an II).

Régny. — Délibérations et dénonciations; extraits des

registres de police de la municipalité de Régny, relativement à des troubles survenus dans cette localité. 2 liasses (20 frim. an II–24 pluv. an III).

Rive-de-Gier. — Procès-verbaux des séances et délibérations. Certificats de civisme et passeports. 1 liasse (10 frim. an II–28 fruct. an II).

Roanne. — Lettre du commissaire national de Vienne (Isère) annonçant l'envoi d'un mandat d'arrêt contre les nommés Dorzat, Viret, avec prière de le mettre à exécution. Demande d'Étienne Sauze, membre du comité, tendante au payement de ses appointements à raison de 5 francs par jour. Pétition de J.-C. Terray demandant l'extrait du procès-verbal de son interrogatoire et de son arrestation. 1 liasse (6 mess. an II–1 brum. an IV).

Saint-Bonnet-le-Château. — Délibérations et dénonciations. État des citoyens reçus à la société populaire du canton. 1 liasse (28 juin 1793–28 fruct. an II).

Saint-Chamond. — Délibérations; tableau des opérations; dénonciations. 1 reg., 1 liasse (17 oct. 1793–20 fruct. an II).

Saint-Étienne [Commune-d'Armes]. — Rapport sur les opérations du comité. Pétitions de détenus demandant leur mise en liberté. Interrogatoires, arrêtés, jugements. Procès-verbaux de transport et de recherche d'actes mis sous scellés. 1 reg., 1 liasse (10 oct. 1793–21 niv. an III).

Saint-Galmier. — Délibérations; dénonciations; renseignements fournis sur les détenus du canton. 1 liasse (4 nov. 1793–14 sept. 1794).

Saint-Genest-Malifaux. — Procès-verbaux des séances et délibérations. Enregistrement des lois et décrets. 1 liasse (4 niv. an II–14 vend. an III).

Saint-Georges-en-Couzan. — Procès-verbaux d'installation. Délibérations. Listes des émigrés, fugitifs, reclus et déportés du canton. 1 liasse (14 niv. an II–19 fruct. an III).

Saint-Germain-Laval. — Délibérations et dénonciations. Procès-verbal d'arrestation de Mlle Chamboduc de Saint-Pulgent et de Mme Chamboduc, veuve Chambaron. 1 liasse (5 août 1793–30 fruct. an II).

Saint-Haon-le-Châtel [Belair]. — Délibérations. Lettres diverses. 1 liasse (19 vend.–20 fruct. an II).

Saint-Haon-le-Vieux. — Délibérations, 1 liasse (29 flor.–6 mess. an II).

Saint-Jean-Soleymieux. — Arrêté constituant le comité; nomination du président et du secrétaire. Délibérations; dénonciations. Adresse du comité de Moingt. 1 liasse (9 sept. 1793–30 fruct. an II).

Saint-Just-en-Chevalet [Mont-Marat]. — Procès-verbaux de délibérations. Certificats de civisme. Tableau des détenus. Dénonciations. Arrêtés du directoire du district de Roanne nommant les 12 membres du comité. Inventaire. 2 liasses (30 brum.–10 vend. an III).

Saint-Just-la-Pendue. — Procès-verbaux des séances, 1 reg. (25 oct. 1793–30 fruct. an II).

Saint-Marcellin. — Délibérations; dénonciations. Liste générale de tous les citoyens qui se sont fait inscrire pour former la société populaire de Saint-Marcellin. Jugement de la commission révolutionnaire de Commune-Affranchie ordonnant la mise en liberté de Pierre Bruyas. 1 liasse (7 frim. an II–1 vend. an III).

Saint-Martin-d'Estréaux [Jars-la-Montagne]. — Procès-verbaux des délibérations, 2 liasses (12 mai 1793–10 vend. an III).

Saint-Paul-en-Jarez [Valdorley]. — Procès-verbaux des séances et délibérations. Liste des réfractaires de la commune de Doizieu. Décharge de lettres de prêtrise. 1 liasse (2 brum.–23 therm. an II).

Saint-Pierre-de-Bœuf [Bœuf]. — Dénonciations. État des travaux du comité. 1 reg. (20 niv. an II–30 fruct. an III).

Saint-Polgues [Roche libre]. — Délibérations, 1 reg. (5 déc. 1793–15 vend. an III).

Saint-Rambert. — Nomination des membres du comité. Délibérations. Dénonciations. Circulaires et lettres. 1 liasse (2 frim. an II–1 vend. an III).

Saint-Romain-en-Jarez [Romain-les-Vergers]. — Procès verbaux des séances et délibérations, 1 liasse (18 frim.–28 fruct. an II).

Sury-la-Chaux. — Délibérations et dénonciations, 1 liasse (1 niv. an II–5 vend. an III).

Vougy. — Délibérations, 1 liasse (10 juin 1793–12 fruct. an II).

SOCIÉTÉS POPULAIRES.

Bourg-Argental. — Délibérations, 1 reg. (6 mess. an II–9 germ. an VI).

Club des Jacobins : délibérations, 1 reg. (18 pluv.–6 germ. an II).

À la mairie.

Charlieu. — Délibérations; dons faits pour les volontaires de la République et les pauvres de Charlieu; correspondance. 4 reg. (4 janv. 1792–27 frim. an III).

Société républicaine : délibérations, 1 reg. (30 août 1793–21 frim. an III).

Pélussin. — Délibérations, 1 reg. (20 frim. an II–10 brum. an III).

Régny. — Délibérations, 1 reg. (14 frim. an II–10 frim. an III).

Usson. — Tableau des membres, 1 liasse (1 germ. an II).

TRIBUNAUX.

Tribunal criminel révolutionnaire siégeant à Montbrison. — Jugements, 1 liasse (11 germ.–24 mess. an II).

FONDS COMMUNAUX.

Chevrières. — Délibérations, 1 reg. (16 avril 1793–8 janv. 1832).

Parigny. — Délibérations, 1 reg. (8 mars 1789–14 prair. an II).

Saint-Bonnet-le-Château. — Délibérations, 6 reg. (31 janv. 1790–11 brum. an VII).

Saint-Jean-Soleymieux. — Délibérations, 1 reg. (5 janv. 1792–27 therm. an III).

Valbenoîte. — Délibérations, 3 reg. (7 sept. 1788–15 sept. 1791; 8 janv. 1792–14 flor. an VIII).

En outre, des délibérations municipales existent dans les communes suivantes : Ambierle, 8 cah. (1790-1792), 1 reg. (21 oct. 1792–20 vend. an VII). Arcon, 1 reg. (1790–1802). Aveizieux, 1 reg. (6 brum. an IV–2 févr. 1826). Balbigny, 1 reg. (10 déc. 1792–22 mai 1864). Bellegarde, 2 reg. (24 août 1788–15 brum. an IV). Bourg-Argental, 6 reg. (24 janv. 1790–8 janv. 1792; 4 niv. an II–17 brum. an IV). Bouthéon, 1 reg. (28 sept. 1788–26 juin 1808). Briennon, 2 reg. (16 janv. 1791–24 prair. an II). Cervières, 4 reg. (14 sept. 1781–7 germ. an II; 7 flor. an III–1 mars 1807). Chagnon, 3 reg. (10 août 1789–21 therm. an IX). Champoly, 2 reg. (25 juill. 1791–10 germ. an V). Champs, 3 reg. (13 déc. 1789–12 flor. an X). Chandon, 4 reg. (7 août 1788–29 juill. 1808). Changy, 4 reg. (10 févr. 1790–4 déc. 1791; 15 déc. 1792–21 frim. an VI). Charlieu, 6 reg. (16 mars 1790–26 frim. an IV; 20 prair. an VIII–11 mars 1811). Châteauneuf, 1 reg. (20 mars 1793–24 pluv. an IX). Chavanay, 8 reg. (30 août 1788–12 niv. an X). Chazelles-sur-Lyon, 4 reg. (19 juin 1791–20 frim. an III). Crémeaux, 1 reg. (10 déc. an I–3 mess. an III). Dargoire, 1 reg. (7 sept. 1781–25 sept. 1822). Feurs, 3 reg. (5 mars 1788–26 brum. an V). Firminy, 2 reg. (1791–an V; 8 juin 1793–20 niv. an III). La Fouillouse, 3 reg. (31 déc. 1789–4 févr. 1793; 20 prair. an II–10 niv. an IV). Graix, 1 reg. (3 fruct. an II–1875). Izieux, 4 reg. (25 janv. 1790–13 juill. 1793). Jas, 1 reg. (10 juin 1792–20 pluv. an III). Jonzieux, 1 reg. (10 mars 1793–10 août 1838). Mably, 1 reg. (10 fruct. an II–16 mars 1862). Maclas, 1 reg. (30 déc. 1791–2 therm. an II). Magneux-Haute-Rive, 1 reg. (12 niv. an II–14 juin 1806). Malleval, 1 reg. (7 févr. 1790–12 déc. 1815). Maringes, 1 reg. (20 vent. an II–27 janv. 1811). Marlhes, 1 reg. (2 juin 1791–15 flor. an VIII). Moingt, 2 reg. (28 sept. 1788–29 vend. an XIV). Montagny, 1 reg. (20 mars 1793–16 nov. 1867). Montbrison, 6 reg. (3 févr. 1790–6e jour compl. an VII). Mornand, 1 reg. (3 vent. an IV–15 fruct. an VIII). Neaux, 2 reg. (24 sept. 1790–19 févr. 1792; Pâques 1792–1 sept. 1823). Néronde, 5 reg. (21 févr. 1790–9 germ. an III). Neulise, 2 reg. (23 févr. 1790–9 germ. an III). Noailly, 2 reg. (30 janv. 1790–29 frim. an XIII). Noirétable, 1 reg. (29 juill. 1792–12 févr. 1816). Palogneux, 1 reg. (12 germ. an II–30 déc. 1876). Panissières, 2 reg. (19 mars 1790–10 nov. 1863). Pavezin, 1 reg. (9 déc. 1792–1er jour compl. an X). Pélussin, 5 reg. (7 févr. 1790–28 flor. an III). Perreux, 1 reg. (14 mars 1790–20 avril 1792). Poncins, 1 reg. (30 vend. an III–8 mai 1836). Pouilly-les-Nonains, 1 reg. (13 nov. 1791–20 frim. an II). Pradines, 1 reg. (28 févr. 1790–27 févr. 1820). Renaison, 4 reg. (1790–7 août 1807). Riorges, 1 reg. (24 janv. 1790–4 mess. an III). Rive-de-Gier, 4 reg. (2 sept. 1787–26 brum. an III). Roanne, 10 reg. (15 avril 1790–23 juill. 1806). Roisey, 1 reg. (17 déc. 1791–1 nov. 1874). Rozier-en-Donzy, 1 reg. (2 déc. 1792–12 juill. 1837). Sail-sous-Couzan, 1 reg. (26 déc. 1790–13 avril 1825). Saint-Barthélemy-Lestra, 2 reg. (14 juill. 1791–20 germ. an V). Saint-Bonnet-le-Courreau, 1 reg. (7 germ. an II–1 juin 1835). Saint-Bonnet-les-Quarts, 1 reg. (16 déc. 1792–18 germ. an VII). Saint-Chamond, 5 reg. (5 oct. 1788–18 juin 1790; 1 juin 1793–14 déc. 1807). Saint-Christo-en-Jarret, 2 reg. (17 brum. an IV–10 févr. 1846). Saint-Christo-Lachal-Valfleury, 1 reg. (21 germ. an II–17 sept. 1837). Sainte-Colombe, 1 reg. (1 fruct. an II–21 déc. 1873). Saint-Étienne, 13 reg. (16 oct. 1791–10 mess. an VIII). Saint-Forgeux-Lespinasse, 1 reg. (15 janv. 1792–21 avril 1872). Saint-Genest-Malifaux, 1 reg. (12 mai 1793–18 pluv. an II). Saint-Germain-Laval, 1 reg. (30 janv. 1790–18 juin 1792). Saint-Germain-Lespinasse, 1 reg. (24 févr. 1790–15 brum. an IV). Saint-Hilaire-sous-Charlieu, 1 reg. (14 juill. 1790–21 prair. an IV). Saint-Jean-Bonnefonds, 1 reg. (7 févr. 1790–18 pluv. an X). Saint-Julien-en-Jarez, 1 reg. (13 nov. 1791–9 germ. an XI). Saint-Julien-Molin-Molette, 2 reg. (24 janv. 1790–20 nov. 1816). Saint-Just-en-Bas, 2 reg. (14 juill. 1790–30 janv. 1826). Saint-Just-la-Pendue, 1 reg. (14 germ. an IV–25 germ. an V). Saint-Marcel-d'Urphé, 1 reg. (23 mess. an II–19 juill. 1857). Saint-Marcellin, 5 reg. (1791–1860). Saint-Médard, 3 reg. (28 févr. 1790–1 janv. 1808). Saint-Nizier-sous-Charlieu, 2 reg. (17 août 1788–28 janv. 1790; 24 flor. an II–13 fruct. an III). Saint-Paul-en-Jarez, 4 reg. (31 mars 1788–24 frim. an VI). Saint-Pierre-de-Bœuf, 3 reg. (24 août 1788–25 vend. an V). Saint-Pierre-la-Noaille, 2 reg. (24 mars 1793–17 brum. an IV). Saint-Priest-en-Jarez, 1 reg. (23 sept. 1792–20 mars 1824). Saint-Romain-en-Jarez, 3 reg. (14 nov. 1790–20 therm. an X). Saint-Sauveur, 2 reg. (7 févr. 1790–dernier décadi de pluv. an II). Saint-Symphorien-de-Lay, 1 reg. (3 avril 1788–13 févr. 1790). Souternon, 1 reg. (22 janv. 1791–2 févr. 1828).

MINISTÈRE DE L'INSTRUCTION PUBLIQUE, DES BEAUX-ARTS
ET DES CULTES

DIRECTION DES ARCHIVES

ÉTAT SOMMAIRE

DES PAPIERS DE LA PÉRIODE RÉVOLUTIONNAIRE

CONSERVÉS DANS LES ARCHIVES DÉPARTEMENTALES

SÉRIE L

LOT-ET-GARONNE

ARCHIVISTE : M. René BONNAT

EXTRAIT DU TOME SECOND (LOIRET À YONNE)

PARIS
IMPRIMERIE NATIONALE

MDCCCCVII

MINISTÈRE DE L'INSTRUCTION PUBLIQUE, DES BEAUX-ARTS
ET DES CULTES

DIRECTION DES ARCHIVES

ÉTAT SOMMAIRE

DES PAPIERS DE LA PÉRIODE RÉVOLUTIONNAIRE

CONSERVÉS DANS LES ARCHIVES DÉPARTEMENTALES

SÉRIE L

LOT-ET-GARONNE

ARCHIVISTE : M. René BONNAT

EXTRAIT DU TOME SECOND (LOIRET À YONNE)

PARIS
IMPRIMERIE NATIONALE

MDCCCCVII

LOT-ET-GARONNE.

La série L est classée. Un inventaire sommaire est en cours de publication. Le fonds, relativement riche, a dû supporter un certain nombre de suppressions et de ventes malheureuses. La plupart des registres des premières sociétés populaires, entachées de fédéralisme, furent brûlés pendant la Terreur par ordre des représentants en mission. Après Thermidor et sous l'Empire, quelques dossiers disparurent. Sous le gouvernement de Juillet, trois ventes successives, en 1833, 1842 et 1845, firent détruire ou disperser plus de 800 liasses, presque toutes relatives aux *Affaires diverses* : formation du département, documents sur les émigrés, la police, les volontaires, les cultes révolutionnaires, le clergé séculier. Il semble qu'on ait vendu liasses et dossiers pour garder surtout les registres. Les délibérations et arrêtés des conseils et directoires, les registres de correspondance, sauf ceux des représentants en mission, nous sont parvenus à peu près intacts, exception faite pour Tonneins, dénommé révolutionnairement La Montagne, où l'effervescence fut grande de 1790 à 1800. Les liasses figurant aujourd'hui dans les *Affaires diverses* ont été formées arbitrairement et certaines se composent exclusivement d'affiches et de placards provenant des diverses administrations.

Il est à prévoir que des accroissements assez considérables viendront, sous peu, donner plus d'importance à la série L. Des placards et des documents, manuscrits ou imprimés, autrefois dispersés, aujourd'hui donnés ou rachetés, sont peu à peu réintégrés aux archives. De plus, les fonds des municipalités cantonales qui se trouvent encore dans les mairies, à l'exception de ceux d'Agen, Astaffort, Layrac et Port-Sainte-Marie, les fonds des tribunaux, révolutionnaire ou de district, ne manqueront sans doute pas d'être centralisés au dépôt départemental. Ainsi complétée, la série L, qui se compose aujourd'hui d'environ 700 articles, en comprendra plus de 1,000.

DÉPARTEMENT.

Lois et décrets imprimés. — 7 liasses, 1 portef., 73 vol., 1 plaq. (1789-an VIII).

Recueils factices pour la plupart, formés de placards provenant d'achats ou de dons. A signaler une collection de *Lois et décrets*, de format in-4°, sortis des presses de l'imprimerie agenaise Noubel et veuve Noubel et fils aîné et répartis en 17 volumes. La série K des archives contient la série complète du *Bulletin des Lois* et du *Moniteur universel* avec tables.

Transcription des lois et décrets. — 1 reg., 5 cah. (1790-14 fruct. an III).

La plupart des registres ont été détruits ou vendus comme papiers inutiles.

Délibérations et arrêtés du conseil du département. — Session préliminaire (1-12 juill. 1790). Session de 1790 (3 nov.-9 déc.). Session de 1791 (16 nov.-14 déc.). Session permanente de 1792 (21 juill.-22 nov.). Session ordinaire de 1792 (26 nov.-24 déc.). Session permanente de 1793 (21 avr.-15 oct.). Session ordinaire de 1793 [an II] (14 brum.-4 niv. an II). 7 reg.

Dans ces registres figurent un certain nombre d'arrêtés de représentants en mission : Paganel, Tallien, Baudot, Monestier (de la Lozère), Ysabeau, Lakanal, et quelques décrets de la Convention.

Arrêtés du conseil du département, 3 reg. (8 juill. 1790-5 août 1793).

Tables des délibérations et des arrêtés, 3 reg. (1 juill. 1790-4 niv. an II).

Pièces à l'appui des délibérations et des arrêtés, 2 vol. (1790-1793).

Recueils factices de plaquettes.

Délibérations et arrêtés du directoire et de l'administration centrale du département. — Délibérations et arrêtés du directoire : séances ordinaires, 38 reg. (16 juill. 1790-23 brum. an IV);

— Séances extraordinaires, 3 reg. (22 janv. 1791-11 août 1792);

— Séances diverses, 1 vol. (1790-an IV).

Le volume indiqué ci-dessus est un recueil factice de délibérations du directoire dont l'impression avait été décidée.

Délibérations et arrêtés de l'administration centrale, 39 reg. (23 brum. an IV-28 germ. an VIII).

Arrêtés du directoire et de l'administration centrale, 1 reg. ms. (29 juill. 1791-23 prair. an II), 7 portef., 8 vol., 2 plaq. (1790-an VIII).

Le registre indiqué ci-dessus était destiné à l'enregistrement des arrêtés du directoire formant titre à l'avantage ou à la décharge des particuliers, ou relatifs à la poudre à feu et aux élèves de l'école vétérinaire d'Alfort. Le reste est une série de recueils factices, rangés par ordre chronologique, de tirages à part de l'imprimerie agenaise veuve Noubel, de placards et d'affiches contenant les arrêtés du directoire et de l'administration centrale.

Tables des délibérations et des arrêtés du directoire

et de l'administration centrale, 7 reg., 4 cah. (1790–3 germ. an VIII).

Actes des représentants du peuple en mission. — Arrêtés de : Monestier (de la Lozère); Ysabeau; Beauchamp; Besson; Tallien; Chaudron-Roussau; Treilhard; Paganel; Lakanal; Garrau; Pinet; Meillan; 3 liasses, 1 vol.; 1 plaq. (23 mars 1793–fin de l'an III).

Recueils factices d'arrêtés des représentants en mission, presque tous imprimés à Agen chez Noubel. Beaucoup sont revêtus de la signature des conventionnels. On en trouvera d'autres dans les registres des délibérations et arrêtés du conseil et du directoire du département, dans ceux des conseils et directoires des neuf districts. Ils émanent des représentants cités plus haut et tout particulièrement de Monestier, d'Ysabeau, de Paganel et de Tallien.

Registres d'ordre de la correspondance générale. — Table des ordonnances et lettres du directoire du département, 3 cah. (1 juin 1791–15 sept. 1792).

Correspondance générale. — Lettres écrites par le directoire et lettres reçues par lui. Adresses du directoire à l'Assemblée nationale. 1 reg. (24 sept. 1790–2 avr. 1791).

Lettres écrites par l'administration du département (conseil et directoire) et lettres reçues par elle, 6 reg. (26 mai 1790–19 avr. 1793).

Lettres écrites aux particuliers et lettres envoyées par eux, 3 reg. (3 oct. 1792–11 nov. 1793).

Lettres écrites par les municipalités, les districts et les fonctionnaires publics, 3 reg. (1 mars 1792–28 brum. an II).

Lettres écrites par les départements, par les districts étrangers et réciproquement. Lettres aux municipalités, aux fonctionnaires publics. 6 reg. (2 mars 1792–19 fruct. an III).

Lettres écrites par l'Assemblée nationale, le ministre de la guerre et les autres agents du pouvoir exécutif, 2 reg. (27 févr. 1792–1 frim. an II).

Lettres écrites à l'Assemblée nationale, au ministre de la guerre et aux autres agents du pouvoir exécutif. Table. 1 reg. (10 mars 1792-16 brum. an II).

Lettres écrites par les ministres et lettres à eux envoyées, 2 reg. (1 mars 1792–10 brum. an II).

Correspondance du procureur général syndic avec les ministres, administrations des districts, municipalités, fonctionnaires attachés aux diverses administrations et autres particuliers, 2 reg. (18 nov. 1792–6 frim. an II et 13 flor. an III–14 niv. an IV).

Dans le 2e registre se trouve une série de comptes décadaires rendus par le procureur général syndic.

AFFAIRES DIVERSES.

La plus grande partie des liasses relatives aux affaires diverses a été détruite ou vendue comme papiers inutiles.

Formation du département. — Procès-verbal officiel de création du département de Lot-et-Garonne, divisé en 9 districts et en 72 cantons. Carte du Lot-et-Garonne par Cassini. Limites du département et carte manuscrite par l'ingénieur Lomet. Provisions de commissaires royaux pour aider à la formation du département délivrées à Saint-Amans, au marquis de Fumel et au comte de Valence. Décisions des commissaires du Roi. Mémoire sur la carte par Belleyme de la généralité de Guyenne. Projet de réduction du nombre des cantons. Procès-verbaux de circonscriptions des paroisses comprises dans le département. 4 liasses, 2 reg., 1 cah., 1 plaq., 3 cartes (9 janv. 1790–5 niv. an VI).

Personnel administratif. — Tableau du personnel des administrations du département, des districts et des divers bureaux en 1790. Décret de la Convention du 10 juill. 1793 rapportant le décret par lequel Coutausse, procureur général syndic, était mandé à la barre. Composition du tribunal du district d'Agen, de la municipalité et du conseil général de cette ville. Tableau des fonctionnaires publics à traitement et des administrations civiles du département. 1 liasse, 1 cah. (1790–an V).

Élections. — Instructions et correspondance. Tableau et liste alphabétique des électeurs du département. Élection de l'évêque constitutionnel Constant et des juges du tribunal criminel. Procès-verbaux des assemblées électorales tenues dans l'église des Jacobins d'Agen pour élire les députés à l'Assemblée législative; de l'assemblée électorale de Nérac pour l'élection des députés à la Convention; des élections au conseil des Cinq-Cents et au conseil des Anciens. Adresses des assemblées électorales. 4 liasses, 3 plaq. (1790–an VII).

Assemblées primaires : listes électorales et procès-verbaux des assemblées primaires tenues à Agen, Laplume et Puymirol. Correspondance, relative à ces assemblées, de l'administration du département avec les municipalités des districts d'Agen, Casteljaloux, Lauzun, Marmande, Nérac et Valence (Tarn-et-Garonne). Lettres diverses, placards, liste des candidats. Répertoire des procès-verbaux et des arrêtés des représentants en mission concernant l'élection et la nomination des fonctionnaires publics. Tableau du dépouillement et recensement du vœu des assemblées primaires et des armées de terre et de mer sur la constitution présentée à la Convention. 10 liasses, 1 reg., 1 cah., 1 vol. (1790–an XI).

Élections communales : élections des maires, procureurs, officiers municipaux, greffiers, juges de paix, officiers de la garde nationale, etc. Tableaux des diverses municipalités élues. Élections diverses relatives aux communes d'Agen, Aiguillon, Bajamont, Coleignes, Galapian, Nicole; Astaffort; Estussan, Vianne, Barbaste; Beauville; Born, Saint-Eutrope; Bouglon, Romestaing; Bruch, Trenqueléon, Thouars, Meneaux; Cahuzac; Cancon, Grattecambes; Casseneuil, Saint-Pastour. Élections communales dans les cantons suivants : Casteljaloux, Castelmoron, Castillonnès, Caudecoste, Clairac, Damazan, Duras, Francescas, Fumel, Hautefage, Houeillès, Gontaud, Labastide, Lamontjoie, Laplume, Laroque, La Sauvetat-du-Dropt, Lauzun, Lévignac, Marmande, Mas-d'Agenais, Meilhan, Monclar, Montagnac-sur-Lède, Montpezat, Nérac, Penne, Port-Sainte-Marie [Port-la-Montagne], Prayssas, Puch, Pujols, Puymirol, Saint-Front, Sainte-Bazeille, Sainte-Livrade, Seyches, Tombebœuf, Tonneins, Tournon, Verteuil, Villefranche, Villeneuve, Villeréal. 47 liasses (1790–an VII).

« Idées sur les élections... par un citoyen du département de Lot-et-Garonne », 1 plaq. (1790).

Administration générale. — Circulaires ministérielles diverses. Affiches des circulaires des ministres. Instruction adressée par le Roi au directoire du département de Lot-et-Garonne, le 16 sept. 1790. 2 liasses, 1 portef., 2 vol., 2 plaq. (1790–pluv. an VIII).

Calendrier de l'an II, instructions sur l'adoption du nouveau calendrier, 1 liasse (an II–an VI).

Police générale et administrative. — Circulaires du ministre de la police générale. État des citoyens désarmés ou suspects. Prohibition de journaux et placards révolutionnaires. 1 liasse, 1 vol., 1 plaq. (1792–an IX).

Affiches administratives relatives aux fêtes et à l'ordre public, aux événements notables, aux fêtes nationales. Relation des excès commis en 1790 aux environs d'Agen; troubles à Saint-Avit, Cambes, Escassefort, Lévignac. Fédération; fuite du roi; mesures prises pour maintenir l'ordre public. Déclarations de guerres; abolition de la royauté. Mort du roi. Insurrections et troubles en Vendée, à Labastide, à Ferrusac, à Floirac, à Fumel. Troubles à Auvillars. Assassinat des plénipotentiaires français à Rastadt. Événements de brumaire et Constitution de l'an VIII. 6 liasses, 1 portef. (26 oct. 1790–an VIII).

Subsistances. — Arrêtés, affiches, placards et circulaires relatifs aux subsistances, 2 liasses (1790–an VI).

État civil. — Circulaires et placards relatifs à la rédaction des registres d'état civil. Procès-verbaux de vérification de ces registres. 1 liasse (1791–an VII).

Agriculture. — Affiches administratives sur les foires et marchés, les mercuriales, la taxe des grains, le maximum, la circulation des blés. Tableaux des foires et marchés du département; des grains et farines qui existent en Lot-et-Garonne en 1793. Lettres des ministres y relatives, ou concernant la récolte de l'avoine, l'amélioration de l'agriculture; les secours à donner aux habitants des campagnes. Indemnité pour cause d'ouragan et de grêle. 3 liasses (1790–an VIII).

Affiches et plaquettes relatives à l'échenillage; à la culture du chanvre, du tabac, des pommes de terre; aux comestibles; aux prairies artificielles; aux maladies contagieuses des animaux; aux haras; à la chasse et à la louveterie. 1 liasse (1793–an VI).

Formation d'une société libre d'agriculture, 1 plaq. (8 prair. an VI).

Industrie et commerce. — Instructions et affiches administratives relatives à l'industrie et au commerce; aux patentes, à l'orfèvrerie. Catalogue des brevets d'invention. Lettres relatives à la première exposition des produits de l'industrie française. Moule de cartes à jouer de fabrication agenaise. 2 liasses, 1 moule (1791–an VII).

Poids et mesures : tables de comparaison entre les mesures anciennes du département et celles qui les remplacent dans le nouveau système métrique, précédées d'une introduction sur le calcul décimal et la nouvelle nomenclature par l'Agenais Louis Puissant, 1 vol. (an VII). Don.

Instructions ministérielles et placards sur le système décimal. Tableau des mesures de longueur usitées autrefois dans la région. 1 liasse (an II–an VII).

Administration et comptabilité départementale. — Comptabilité du directoire. Recettes et dépenses du département. Journal des recettes et dépenses des impositions dans l'Agenais en 1790. Dépenses d'administration et d'ordre judiciaire. Journal des dépenses (an V). Répartition, entre les départements intéressés, du restant d'une imposition jadis levée pour la reconstruction des prisons du ressort de Toulouse et non entièrement dépensée (1792). État des mandats tirés sur la caisse du département; des traitements des fonctionnaires publics. Vérification de la caisse et des comptes du receveur du département. Compte rendu financier des recettes et dépenses depuis le 26 novembre 1792 jusqu'au 25 sept. 1793. Mémoire présenté au corps législatif par l'administration centrale en dégrèvement de contributions (an VII). 5 reg., 6 cah., 3 plaq. (1790–an VII).

Administration et comptabilité communale. — Affiches, circulaires et arrêtés administratifs concernant l'administration et la comptabilité des communes. État annuel des dépenses de toutes les communes de Lot-et-Garonne (an v). 1 liasse, 1 cah. (1790–an vii).

Finances. — Correspondances et instructions sur les contributions publiques. Lettres écrites par le ministre des contributions publiques, le commissaire à la caisse de l'extraordinaire, le commissaire liquidateur; par l'administration du département, l'agent des contributions directes. Vérification des caisses. 10 reg. (15 mars 1792–27 niv. an viii).

Affiches et circulaires des diverses administrations sur le budget, la dette publique, le payement des rentes et pensions, les contributions, les emprunts forcés, les timbres et les postes; les assignats, le cours des monnaies, les billets de confiance, les mandats territoriaux. Tableau des valeurs successives des papiers-monnaies du 1 janvier 1791 au 9 thermidor an iv. Demandes de dégrèvement de contributions. 3 liasses, 1 plaq. (1790–an vii).

Papiers-monnaies : spécimens d'assignats, de billets de confiance et de mandats territoriaux, 1 liasse (s. d.).

Contribution patriotique : instructions, correspondance, modèles de rôles, bordereaux du montant des rôles des villes et communautés de l'élection d'Agen. Déclaration du quart du revenu dans les communes et communautés de : Agen, Agmé, Aiguillon, Allemans, Bajamont, Beauville, Birac, Blanquefort, Bonaguil, Born, Boynet, Bruch, Cahuzac, Cambes, Cancon, Casseneuil, Castelculier, Castella, Castelmoron, Castelnaud-de-Grattecambes, Castelsagrat, Castel, Castillonnés (juridiction comprenant les paroisses de Montauriol, Saint-Maurice, Longrat, Valettes, Rocadet, Pompiac, Ferrensac, Saint-Martin, Saint-Dizier, Cavarc, Saint-Quentin), Cauzac, Clairac, Clermont-Dessous, Clermont-Dessus, Coleignes, Combebonnet, Condezaigues, Cuzorn, Dolmayrac, Dominipech, Duras, Escassefort, Fauguerolles, Ferrussac, Fongrave, Frégimont, Frespech, Fumel, Galapian, Golfech, Gontaud, Grateloup, Hautesvignes, La Sauvetat-de-Caumont, La Sauvetat-de-Savères, Lacapelle-Biron, Lacène, Lachapelle, Lacour, Lafite, Lafox, Lamaurelle, Laprade, Laperche, Larroque, Lauzun (et les paroisses dépendant de la juridiction), Le Temple, Lévignac, Londres, Longueville, Lusignan-Le-Grand, Lusignan-Petit, Madaillan, Marmande, Maurignac, Mézin, Miramont, Miramont-d'Aiguillon, Monbahus, Monbalen, Monclar, Monflanquin, Monjoy, Monségur, Monsempron, Montaigut, Montastruc, Montaut, Monteton, Montpezat, Monviel, Nicole, Pardaillan, Pauliac, Penne, Port-Sainte-Marie, Prayssas, Pujols, Puycalvary, Puychagut, Puydauphin, Puymiclan, Puymirol, Quissac, Rayet, Roquecor, Saint Avit, Saint-Barthélemy, Saint-Bauzeil, Saint-Front, Saint-Jean-des-Bardes, Saint-Martin de Rouets, Saint-Maurin, Saint-Pardon, Saint-Pastour, Saint-Salvy, Saint-Sauveur, Saint-Vincent, Sainte-Abondance, Sainte-Foy-la-Grande, Sainte-Livrade, Sauvagnas, Sauveterre, Savignac, Théobon, Tombebœuf, Tombebouc, Tonneins-Dessous, Tonneins-Dessus, Verteuil et Villeréal. 1 liasse, 2 reg., 176 cah. (1789–1790).

Affaires militaires. — Décrets, arrêtés, circulaires relatives aux milices et aux régiments patriotiques, au recrutement, aux gardes nationales, à la gendarmerie; aux volontaires de l'an ii; aux volontaires des armées du Var, des Pyrénées et de la Vendée. Instructions, tableaux des volontaires. État général du recrutement. 4 liasses, 1 cah., 1 vol. (1790–1815).

Correspondances du ministre de la guerre; des commissaires des guerres; du général Dubreil, chef d'état-major de l'armée des Pyrénées; des commissaires du pouvoir exécutif pour le recrutement. Correspondance relative aux armées du Var et des Pyrénées. Lettres diverses relatives au recrutement, à l'habillement et à l'équipement des volontaires et adressées aux districts d'Agen, Casteljaloux, Lauzun, Marmande, Monflanquin, Nérac, Tonneins, Valence et Villeneuve. 11 liasses, 1 reg. (1793–an ii).

Circulaires et placards relatifs aux vivres et subsistances; aux réquisitions diverses; aux poudres et salpêtres; aux routes; à la marine; aux réfractaires et déserteurs; 6 liasses (1791–an viii).

États de pensions payées aux vétérans. Brevets de pensions. Secours donnés aux parents des défenseurs de la patrie. 1 liasse (1791–an viii).

Certificats de civisme délivrés aux agents militaires employés dans le département. Reçus donnés aux agents militaires conducteurs. 1 liasse (1793–an ii).

Tableaux des invalides du département. États des décès des citoyens d'Agen morts pour la défense de la patrie; secours à leurs veuves. État des soldats décédés à l'hospice d'Agen. État des volontaires agenais et des soldats décédés dans les hôpitaux de la République et à l'étranger. 10 liasses (1791–an viii).

Régiment patriotique d'Agen. « Conduite de la municipalité et de la garde nationale dans l'affaire de Montauban » (1790). Fédération patriotique et militaire proposée aux milices nationales du département par le régiment patriotique d'Agen; adhésion du régiment de Penne. 1 liasse (1790–1791).

Travaux publics. — Circulaires et affiches administratives relatives à la création et à l'entretien des routes;

à la navigation; au curage des ruisseaux. État des rivières et ruisseaux qui coulent sur le territoire du canton de Puymirol. Devis des réparations à faire aux écluses des moulins du Lot, qui appartenaient à la ci-devant abbaye d'Eysses. Moulins de la Bacqueyre, sur l'Avance; moulins des cantons de Bouglon; moulin d'Auzel ou du Petit-Batant, sur la Séoune. 2 liasses (1791-an VIII).

Quelques documents relatifs aux routes et aux cours d'eau, de 1790 à l'an VIII, figurent dans la série S des archives modernes où ils forment des têtes de dossiers.

Instruction publique, sciences et arts. — Recueils factices de circulaires et d'arrêtés sur l'instruction publique. «Vues de l'Agenais Lacépède sur l'enseignement public.» 1 vol., 1 plaq. (1790-an XI).

Instruction primaire : État des écoles primaires et des instituteurs et institutrices en l'an III et en l'an VI, avec notes pour l'an VII. Procès-verbal d'élection du jury d'instruction publique. Registre de nominations des instituteurs primaires de l'an III à l'an VIII. 1 liasse, 1 reg. (an II-an VIII).

Instruction secondaire : comptes des recettes et dépenses du collège d'Agen, 1 liasse (1792).

École centrale : Arrêtés et circulaires, lettres des ministres et autres fonctionnaires publics relatives à la création et à l'organisation de l'école centrale. Affiches et placards relatifs à l'installation de l'école, à son ouverture, à son règlement provisoire, au programme des cours, aux exercices littéraires, aux distributions de prix. Nomination des professeurs, personnel de l'école, budget et comptabilité. Précis de l'affaire Caylar, professeur de législation, contre le citoyen Lumière, professeur de dessin. Cours de Caylar. 3 liasses, 1 vol., 1 plaq. (an IV-an X).

Affiches et placards relatifs à l'école polytechnique; à l'école de médecine et à l'école vétérinaire du département; 2 liasses (1793-an VII).

Bibliothèques et archives : Lettres et documents relatifs à la centralisation des livres des couvents pour la création des bibliothèques; aux archives du département. Inventaire des papiers et archives de l'administration du département et des districts du 20 avril 1790 au 28 pluviôse an VIII. 1 liasse (1790-an VIII).

Musée : Catalogue des tableaux et œuvres d'art centralisés à Agen pour la création d'un musée départemental; tableaux de la collection des ducs d'Aiguillon. Arrêté de l'administration centrale du département pour la fondation d'un musée. 1 liasse (an III-an VII).

Sociétés savantes : Pièces relatives à la réorganisation d'une société libre d'agriculture, qui s'occupera aussi des sciences et des arts. Règlements. Félicitations du ministre de l'intérieur. Procès-verbal de la 1re séance et liste des membres. Avis au peuple pour sa santé, publié par ladite société. 1 liasse (an II-an VII).

Justice. — Circulaires et affiches administratives. Liste des jurés du département. État nominatif des notaires du département en 1792. Instructions et pièces diverses relatives au notariat. 2 liasses, 1 vol. (1790-an XIV).

Culte. — Arrêtés et circulaires du directoire et de l'administration centrale du département. Lettres du ministre de la police. Annonces et affiches administratives relatives aux mesures prises contre les religieux et contre les prêtres, à la célébration des cultes, à la sonnerie des cloches, à l'affectation des anciens édifices du culte. États nominatifs des prêtres déportés. 2 liasses (5 avr. 1791-brum. an VIII).

Élection de l'évêque constitutionnel Constant. Lettre pastorale et mandements. Collations de cures, promotions au diaconat par l'évêque constitutionnel. Discours de Depère à l'assemblée électorale lors de la proclamation de Gobet, évêque de Lydda, élu à l'évêché du département de Lot-et-Garonne. Apologies de la constitution civile du clergé par le citoyen Nauton, curé de Penne. Questions : Le serment de l'évêque de Clermont équivaut-il au serment civique pur et simple? 2 liasses, 5 plaq. (1791-an III).

Culte de la Raison : État des communes qui ont renoncé à l'ancien culte et élevé un temple à la Raison. Placards et discours relatifs aux fêtes des cultes révolutionnaires. Hymne à la Raison. 1 liasse (an II).

Établissements de bienfaisance et assistance publique. — État des rentes dont jouissent les hospices et établissements de secours pour les pauvres : hospices d'Agen, Mézin, Moncrabeau, Damazan, Casteljaloux, Aiguillon, Marmande. Lettres relatives à des rachats de rentes faites à l'hospice Saint-Jacques d'Agen. Circulaires relatives aux distributions de secours pour les indigents et pour les parents des défenseurs de la patrie. État des réfugiés et déportés des colonies et des îles Saint-Pierre et Miquelon qui ont droit au secours, et état de payement de leurs pensions. Enquête sur les hôpitaux; pièces diverses s'y rapportant. Mémoire pour Jacques Liaubon, ci-devant syndic des pauvres de Gontaud, contre les officiers municipaux et notables de la même ville. 3 liasses, 1 plaq. (1790-an VIII).

Établissements de répression. — Installation et restauration des prisons. Comptabilité. Préposés à la garde des détenus. 1 liasse (1791-an VII).

DISTRICTS.

AGEN :

Délibérations et arrêtés du conseil du district. — 6 reg. (29 juin 1790–17 germ. an III).

Délibérations et arrêtés du directoire du district. — 1 liasse, 15 reg. (15 juill. 1790–16 frim. an IV).

Cinq de ces registres ont des tables alphabétiques de matières.

Registres d'ordre de la correspondance. — Sommaire des requêtes et pétitions adressées au directoire du district. Répertoire des envois faits aux administrateurs et au procureur général syndic du département. 2 reg. (24 juin 1792–19 frim. an IV).

Correspondance générale. — Correspondance du district avec le département, 9 reg. (21 juill. 1790–11 prair. an III).

Cinq de ces registres ont des tables.

Correspondance du directoire du district avec les particuliers, 5 reg. (16 oct. 1790–28 pluv. an II).

Les réponses sont en regard des lettres écrites au directoire du district.

Personnel. Élections. — Procès-verbaux d'élections d'administrateurs du district. Arrêté du représentant du peuple Monestier (de la Lozère) rétablissant le citoyen Baduer dans ses fonctions d'inspecteur de l'enregistrement. 1 liasse (1790–an III).

Administration du district. — Archives du district. Inventaire des pièces existant dans le bureau du procureur syndic et au secrétariat du district. 1 liasse (an IV).

Don.

Finances. — Lettres de ratifications de contrats par les conservateurs des hypothèques, 6 liasses (1789–an VI).

Affaires militaires. — Inventaire des papiers, registres et effets du bureau militaire du district d'Agen, 1 liasse (an IV).

Don.

Culte. — Lettre de l'évêque de Bonnac (1789) portant don de 6,000 livres pour les pauvres. Installation des curés constitutionnels dans le district d'Agen. Nomination des supérieurs et économes des ci-devant couvents d'Agen. Prestations du serment d'adhésion à la constitution civile du clergé et de celui de liberté et d'égalité. Arrêtés relatifs aux sonneurs de cloches et aux chantres de l'église cathédrale. Table des noms des ci-devant prêtres et des traitements dont ils ont joui en 1792. Visites domiciliaires chez des curés; remplacement des prêtres insermentés. Transport des prêtres déportés. Certificats de maladie d'ecclésiastiques. Élection du comité de surveillance pour les prêtres réunis. Inventaires faits par les officiers municipaux des registres de baptêmes, mariages et sépultures qui se trouvent dans les paroisses du district. Registres servant à recevoir les déclarations des citoyens qui veulent remplir le ministère des cultes (an III). 1 reg., 3 liasses (1789–an IV).

CASTELJALOUX :

Délibérations et arrêtés du conseil du district. — 8 cah. (12 juill. 1790–10 therm. an III).

Délibérations et arrêtés du directoire du district. — 3 reg., 6 cah. (23 juill. 1790–30 brum. an IV).

Correspondance générale. — Correspondance du directoire et du procureur syndic. Correspondance de l'agent national. 1 reg., 7 cah. (1 avr. 1792–30 brum. an IV).

Pièces diverses. — Carte du district par Lomet. Élections d'administrateurs, de juges, de greffiers et de curés. Prestations du serment civique. Frais des assemblées électorales. Décisions du directoire sur les impositions. Travaux exécutés sur les routes du district. 1 carte, 1 liasse, 1 cah. (1789-1793).

LAUZUN :

Délibérations et arrêtés du conseil du district. — 2 reg., 1 cah. (12 juill. 1790–4 flor. an III).

Le cahier renferme la table des arrêtés du conseil de 1790 au 4 floréal an III.

Délibérations et arrêtés du directoire du district. — 7 reg., 2 cah. (27 juin 1790–17 brum. an IV).

Les sept registres ont des tables. Dans l'un, on trouve la correspondance du directoire avec les comités, la Convention et les ministres, du 18 frimaire an II au 21 frimaire an III.

Correspondance générale. — Correspondance de l'administration, conseil et directoire. Lettres écrites au directoire du district par les administrateurs du département. Correspondance du directoire avec les comités de la Convention. 1 reg., 1 cah. (11 niv. an III–4 frim. an IV).

Pièces diverses. — Carte du district par Lomet, 1790. Procès-verbaux des assemblées électorales du district pour nommer les administrateurs, les juges, et les curés qui doivent remplacer les insermentés. Arrêté du représentant en mission Lakanal portant payement de pension à un citoyen mutilé au service de la patrie. État des travaux exécutés sur les routes. Procès-verbaux de circonscription des paroisses du district. État des passeports délivrés aux prêtres sujets à la déportation. 2 liasses, 1 carte (1790–an II).

MARMANDE :

Délibérations et arrêtés du conseil du district. — 2 reg. (16 sept. 1790–3 flor. an III).

Au premier de ces registres sont annexés : une table des arrêtés du conseil; le procès-verbal des élections du conseil; un cahier «brouillon» des procès-verbaux des séances du 16 au 28 septembre 1790.

Délibérations et arrêtés du directoire du district. — 7 reg. (15 juill. 1790–16 brum. an IV).

Registre d'ordre de la correspondance générale. — 1 reg., 15 déc. 1790–8 germ. an II).

Correspondance générale. — Correspondance active et passive du directoire, 6 reg. (1 avr. 1792–8 niv. an IV).

Correspondance du procureur syndic, 3 reg. (6 août 1790–11 brum. an IV).

Correspondance de l'agent national, 2 reg. (5 janv. 1793–9 frim. an IV).

Tables, 1 cah. (an II).

Pièces diverses. — Carte du district dressée par Lomet, 1790. Procès-verbaux : d'élections des administrateurs et des juges; de la circonscription des paroisses. État des fonctionnaires du district. Devis des travaux à exécuter sur la route de Bordeaux à Toulouse. 1 liasse, 1 carte (1790–an IV).

MONFLANQUIN :

Délibérations et arrêtés du conseil du district. — 1 reg. (11 juill. 1790–4 juill. 1791).

Délibérations et arrêtés du directoire du district. — 12 reg. (18 juill. 1790–20 frim. an IV).

Correspondance générale. — Correspondance du directoire et du procureur syndic avec les administrations et les particuliers. Copies de lettres des administrateurs du département et du procureur général syndic. Lettres et adresses du conseil du département et du pouvoir exécutif. 18 cah. (26 juin 1790–20 frim. an IV).

Correspondance du directoire du district avec l'administration du département, avec la Convention et avec les municipalités et les particuliers, 7 reg. (21 oct. 1791–30 brum. an IV).

Correspondance du procureur syndic, 9 cah. (19 août 1791–24 therm. an II).

Correspondance de l'agent national. Comptes rendus de l'agent national au comité de salut public. Lettres aux représentants du peuple et aux divers comités de la Convention. 7 reg., 2 cah. (10 niv. an II–27 brum. an IV).

Pièces diverses. — Carte du district dressée par Lomet en 1790. Procès-verbaux d'élections d'administrateurs, des juges et des curés. Circonscription des paroisses du district de Monflanquin. État des biens communaux existant dans le district. Contraintes exercées pendant l'année 1791 pour les impositions arriérées de 1789 et de 1790. État des prêtres assermentés et insermentés du district, des religieuses du couvent de la Foi à Villeréal. 1 carte, 3 liasses (1790–an IV).

NÉRAC :

Délibérations et arrêtés du conseil du district. — 3 reg. (8 juill. 1790–21 germ. an III).

Délibérations et arrêtés du directoire du district. — 11 reg. (15 juill. 1790–12 brum. an IV).

Correspondance générale. — Procès-verbaux d'ouverture des courriers. Correspondance du directoire avec le département, les districts, les municipalités, les administrations, les comités de la Convention, les représentants en mission dans le département et le pouvoir exécutif. Lettres échangées avec les particuliers, 6 reg., 26 cah. (24 juill. 1790–13 brum. an IV).

Correspondance de l'agent national avec le comité de la Convention, 1 reg. (1 fruct. an II–27 brum. an IV).

Comptes décadaires rendus à la commission des subsistances, 1 liasse (1792).

Pièces diverses. — Carte du district par Lomet, 1790. Procès-verbaux d'élections des administrateurs, juges et curés. Réponse de la Convention à une pétition des habitants du canton de Sos relative à la dîme. État des travaux exécutés sur les routes du district. Inventaire des registres paroissiaux existant au tribunal du district. 1 carte, 2 liasses (1790–an IV).

TONNEINS :

Délibérations et arrêtés du directoire du district. — 4 reg., 1 cah. (19 juill. 1790–16 frim. an IV).

Correspondance générale. — Correspondance du directoire du district, 2 cah. (2 frim. an II–8 frim. an III).

Pièces diverses. — Carte du district par Lomet en 1790. Procès-verbaux d'élections d'administrateurs, juges et curés. Prestation du serment civique. Adjudication de souliers à fabriquer pour les défenseurs de la patrie. Vente de tabac manufacturé. Liste des ecclésiastiques assermentés. Personnel des couvents du district. Vases sacrés des églises du district. 1 carte, 3 liasses (1790–an III).

Adresse des républicains de Tonneins-La-Montagne à la Convention. « Préservatif contre les terreurs paniques que les aristocrates et les mauvais prêtres ne cessent de faire naître, par Pierre Jouan. » Adresse des élèves de Jouan-le-Jeune. Pacte fédératif avec les autres écoliers du département; adhésions et lettres. « Les habitants de Tonneins-Dessus, Saint-Georges et Dugassat au sieur Théodore Roumefort. » Exposé des habitants d'Aiguillon (1791) demandant que la prochaine session du directoire du département ait lieu à Aiguillon. Réponse du citoyen Jouan-le-Jeune, dit Marat, à un écrit intitulé : les citoyens opprimés de Tonneins-La-Montagne. 6 plaq. (1790–3 frim. an III).

VALENCE (aujourd'hui en Tarn-et-Garonne) :

Délibérations et arrêtés du conseil du district. — 3 reg. (12 juill. 1790–8 vent. an III).

Délibérations et arrêtés du directoire du district. — 5 reg. (20 juill. 1790–3 frim. an IV).

Dans l'un de ces registres figure un état de la situation financière des municipalités du district en 1790.

Correspondance générale. — Correspondance du directoire du district, 6 reg. (25 août 1790–7 therm. an IV).

Correspondance de l'agent national, 1 reg. (6 niv. an II–25 brum. an IV).

Pièces diverses. — Carte du district par Lomet, 1790. Procès-verbaux de circonscription des Paroisses. Troubles de Cauzac; protestation de M. de Beaumont contre l'abolition des privilèges de la noblesse. Rapports sur les voies fluviales et état des moulins du district. Devis d'ouvrages à exécuter sur la route de Toulouse. État du personnel des communautés religieuses du district. 1 carte, 3 liasses (1790–an IV).

VILLENEUVE :

Délibérations et arrêtés du conseil du district. — 7 cah. (5 juill. 1790–10 oct. 1793).

Délibérations et arrêtés du directoire du district. — 17 reg. (13 juill. 1790–14 mess. an III).

Un registre allant du 15 messidor an III au 15 vendémiaire an IV se trouve conservé aux archives municipales de Villeneuve-sur-Lot.

Pièces diverses. — Carte du district par Lomet, 1790. Procès-verbaux d'élections d'administrateurs. Prestations de serments civiques. État nominatif des membres composant l'administration du district. Extrait des registres de l'hôtel commun de Villeneuve pour l'élection des municipalités. Arrêtés des représentants en mission Paganel et Monestier (de la Lozère), nommant 2 membres du conseil du district et renouvelant le personnel de l'administration du district. Circonscription des paroisses. Extrait des délibérations du régiment patriotique de Penne. Adresse de M. de Lisleferme, général de la garde nationale de Tournon. Extrait du registre des délibérations du régiment patriotique de la communauté de Puycalvary. État des travaux exécutés sur les routes. Devis des réparations à faire à l'écluse de Rigoulières. Catalogue des livres déposés au district. État des religieux et religieuses des couvents du district; des prêtres assermentés et de ceux qui ont abdiqué leurs fonctions. 1 carte, 4 liasses (1790–an IV).

« Mémoire justificatif des imputations atrocement faites à un bon patriote élu maire du Temple en Agenois. » Adresse des officiers municipaux des communes de Villeneuve et de Pujols en Agenais. 2 plaq. (1790).

CANTONS.

Primitivement au nombre de 72, puis de 73, ils furent réduits à 51 en l'an VI. Les archives des municipalités cantonales n'ont pas été centralisées à la préfecture, sauf celles d'Agen, Astaffort, Layrac et Port-Sainte-Marie ou Port-La-Montagne. C'est donc à la mairie, chef-lieu de l'ancienne municipalité cantonale, qu'on peut les trouver. Beaucoup, d'ailleurs, ont disparu. Dans la plupart des autres les registres ont bien été conservés, ainsi que certaines liasses, mais le reste a été détruit, dispersé ou réparti par erreur dans les dossiers modernes de la commune.

Agen. — Délibérations et arrêtés, 5 reg. (24 brum. an IV–9 prair. an VIII).

Correspondance générale : Répertoire des actes de l'administration cantonale. Correspondance du président de l'administration cantonale, du commissaire du Directoire exécutif près l'administration cantonale. 1 reg., 1 cah., 1 liasse (6 frim. an IV–an VIII).

Pièces diverses : Délimitation du canton, division des rôles entre la commune d'Agen et celles du canton.

Élections des maires, officiers municipaux, juges de paix, commissaires pour la formation de la garde nationale. Tableau des membres composant la municipalité de Bajamont. Livre des passeports et des translations de domicile. Correspondance de l'agent des contributions directes du canton. Répertoire des actes de l'administration municipale qui doivent être enregistrés. 1 cah., 8 liasses (an IV-an VIII).

Aiguillon.

À la mairie se trouvent 2 registres de délibérations de l'administration cantonale, du 1 frimaire an IV au 6 prairial an VIII.

Astaffort. — Délibérations, 7 reg. (an IV-8 flor. an VIII). Enregistrement des lettres et arrêtés, 1 reg., 1 cah. (an IV-an VIII). Registre d'éducation publique, 1 cah. (an VI-an VII).

Beauville. — Élections, 1 liasse (an V).

À la mairie, 3 registres de délibérations de l'administration cantonale (5 brum. an IV-15 germ. an VIII).

Born. — Élections, 1 liasse (an V).

Bruch. — Élections. État des églises et chapelles existant en l'an V dans le canton de Bruch. 1 liasse (an V-an VII).

Cahuzac. — Élections, 1 liasse (an V-an VII).

Cancon. — Élections, 1 liasse (an V-an VII).

Casseneuil. — Élections. Listes d'électeurs du canton. 1 liasse (an V-an VII).

Casteljaloux. — Élections, 1 liasse (an V-an VII).

Castelmoron. — Plan de la commune de Laparade. Élections. 1 liasse (an V-an VII).

Castillonnès. — Élections, 1 liasse (an V-an VII).

Caudecoste. — Élections. Tableau des citoyens qui composent la justice de paix du canton de Caudecoste, avec l'état des citoyens formant la municipalité. 1 liasse (an V-an VII).

Clairac. — Élections, 1 liasse (an V-an VII).

Damazan. — Élections. Placards relatifs à la vente des matériaux de l'aciérie de Damazan. 1 liasse (an V-an VII).

Duras. — Élections. Tableaux de fonctionnaires. 1 liasse (an IV-an VII).

Francescas. — Élections. Assistance publique. 1 liasse (an V-an VII).

Fumel. — Délibérations, 2 reg. (an V-an VIII).

À la mairie.

Correspondance générale. Copie des lettres et mémoires de l'administration cantonale. 1 reg. (an IV-an VIII).

À la mairie.

Élections, 1 liasse (an V-an VII).

Gontaud. — Élections, 1 liasse (an V-an VI).

Hautefage. — Élections, 1 liasse (an V-an VII).

Houeillès. — Élections, 1 liasse (an V-an VII).

Laroque-Timbaut. — Délibérations et arrêtés, 4 reg. (20 brum. an IV-12 flor. an VIII).

À la mairie.

Correspondance de l'administration cantonale, 4 cah. (7 flor. an V-an VIII).

À la mairie.

La Sauvetat-du-Dropt. — État de la population agricole du canton de La Sauvetat, 1 pièce (an IV).

Layrac. — Délibérations. 7 cah. (an IV-an VIII). Voies fluviales du canton de Layrac. Hospice. Budget, finances, affaires militaires. Fermes de la boucherie. Inventaire des archives. 1 liasse (an IV-an VIII).

Lévignac. — État des églises et chapelles existant sur le territoire du canton, 1 pièce (an IV).

Marmande. — Délibérations, 6 reg. (an IV-an VIII).

À la mairie.

Administration de l'hospice de Marmande, 3 pièces (an V-an VII).

Mézin. — État des malades soignés à l'hospice de Mézin, 6 pièces (an IV-an VII).

Montagnac-sur-Auvignon. — Élection du juge de paix. Notes sur les établissements de bienfaisance. 4 pièces (an IV).

Montpezat. — Élection d'un juge de paix du canton, 2 pièces (an IV).

Nérac. — Élections. Travaux exécutés sur les routes, 1 liasse (an V-an VII).

Penne. — Délibérations, 3 reg., 3 cah. (an IV-an VIII).

À la mairie.

Municipalité de canton; élections. État des biens communaux. États des juge de paix, greffiers et assesseurs. 1 liasse (an IV-an VIII).

Certificats de résidence. Fêtes décadaires. 1 liasse, 1 cah. (an IV-an VIII).

Port-Sainte-Marie. — Délibérations, 3 reg. (14 therm. an IV-1 vent. an VIII).

Élections, 1 pièce (an V).

Prayssas. — Délibérations, 9 cah. (15 frim. an IV–9 prair. an VIII).

À la mairie.

Puymirol. — Délibérations, 6 reg. (an IV–an VIII).

Saint-Barthélemy. — Élections, 2 pièces (an VI–an VII).

Saint-Front. — Élections, 4 pièces (an VI–an VII).

Saint-Maurin. — Tableau des municipalités. Élection du juge de paix. 1 liasse (an IV–an V).

Sainte-Bazeille. — Élections, 1 liasse (an IV–an VII).

Tombebœuf. — Élections, 1 liasse (an IV–an VII).

Tonneins. — Élections et affaires diverses, 1 liasse (an IV–an VIII).

Tournon. — Élections. Pièces diverses, 1 liasse (an III–an VII).

Verteuil. — Élections, 1 liasse (an V–an VII).

Villefranche. — Élections, 1 liasse (an V–an VII).

Villeneuve-sur-Lot. — Élections, 1 liasse (an V–an VII).

Villeréal. — Élections, 1 liasse (an V–an VII).

FONDS DIVERS.

COMITÉS DE SURVEILLANCE.

Agen. — Délibérations, 3 reg. (27 sept. 1793–1 germ. an III).

Correspondance, 1 reg. (7 oct. 1793–1 germ. an III).

Ces 4 registres se trouvent aux archives municipales d'Agen.

Tonneins [Tonneins-La-Montagne]. — Délibérations. 1 liasse (1793–an III).

Extraits des délibérations, 1 plaq. (1795).

SOCIÉTÉS POPULAIRES.

Agen. — Délibérations, 2 reg. (9 vent. an II–27 mess. an III).

Se trouvent aux archives municipales.

Casteljaloux. — Délibérations, 2 cah. (27 oct. 1793–16 fruct. an II).

Casseneuil. — Société des Amis de la Constitution. Épuration des fonctionnaires publics, 1 liasse (an II).

Marmande. — Délibérations de la société des Amis de la Constitution strictement régénérée, 1 reg. (11 vend.–20 prair. an III).

Tonneins. — Délibérations, 10 cah., 1 reg. (1790–an III).

Oraison funèbre de Mirabeau prononcée au club des amis de la Constitution de Tonneins le 12 mai 1791, par Lagarde, ministre du Saint-Évangile et secrétaire de la Société. Discours prononcé sur l'autel de la Patrie, le jour de la fête de la Raison par le citoyen Marat, ci-devant Jouan-le-Jeune, procureur général des sans-culottes du département. Lettre de la société populaire de Clairac protestant contre la société de Tonneins. 4 plaq. (1791–frim. an II).

Beauville. (Lettre du rédacteur du *Journal du département de Lot-et-Garonne*). — **Castelnau-de-Grattecambe.** — **Duras.** — **Le Temple.** — **Penne.** — **Pujols.** — **Sainte-Bazeille.** — **Sainte-Livrade.** — **Saint-Pastour.** — **Tournon.** — **Villeneuve.** — Pièces diverses concernant la nomination et l'épuration des fonctionnaires.

TRIBUNAUX.

Les archives des tribunaux forment non pas des fonds régulièrement constitués, mais des collections de documents rangés par tribunal et par matière. Les archives des tribunaux de district n'ont pas été centralisées, sauf celles du tribunal d'Agen. Le fonds du tribunal révolutionnaire est conservé au greffe de la Cour d'appel d'Agen.

Tribunal criminel du département. — Formation du tribunal criminel. Procédures criminelles. Affaires Thissier, Juitta, Oster, Mendose, Brouat, Combelles, Fauguerolles, Balard, Méruet, Nazelles, Leyssadou, Delgade, Soulès, Despeyroux, Charles, Peyrebelle, Restouil, Tarisse, les frères ermites d'Agen, Mouillet, Nanet, Falcat, Palazot, Geneste, Moustrou, Dufau, Malaure, Charbalié, Fumel, Chapouillé, Cazabat, Jeantet, Despujols, Dubez, Delile, Laborie, Guitard, Rajade, Perrié, Graillon, Tancogne, Lagarde, Denis, Lacroix, Pons, Barroussel, Pabot, Vergnes, Drouillet, Cave, Charbel, Lalanne, Forestié, Jeanton. 10 liasses, 1 plaq. (1791–an VIII).

Tribunal du district d'Agen. — Procès-verbal d'installation du tribunal civil du district d'Agen. Installation des juges suppléants et des greffiers. Certificats de civisme délivrés aux notaires et aux huissiers. 1 reg. (16 déc. 1790–25 vend. an IV).

Procédures en matières civiles et jugements du tribunal du district. Cahiers des audiences du tribunal civil d'Agen. Registre du greffe de la maréchaussée d'Agen. Enregistrement des donations entre vifs. Répertoire des actes notariés. Extraits d'actes de vente déposés au tribunal civil. Frais de procédure. 12 reg., 9 liasses (1789–an VIII).

Procédures correctionnelles du tribunal d'Agen, portées en appel devant le tribunal criminel d'Agen. Affaires Neyran, Sicard, Queille, Delcayro, Magot, Jouan, Bernardeau, Triale, Bérail, Daniel. 2 liasses (1792–an VII).

Plumitif des audiences du tribunal du district d'Agen statuant en matière commerciale, 4 cah. (1791–1793).

Tribunal du district de Lauzun. — Plumitif des audiences du tribunal civil de Lauzun. Insinuation des donations entre vifs. 2 reg. (1790–1791).

Tribunal du district de Nérac. — Audiences du tribunal civil de Nérac, 1 liasse (6 déc. 1790–20 brum. an IV).

Justices de paix. — Jugements du juge de paix du canton d'Agen, du juge de paix du canton de Prayssas, 3 liasses (1790–1793).

Pièces diverses. — Affiches des jugements des conseils militaires, du tribunal civil d'Agen, du tribunal criminel, des tribunaux correctionnels de Tonneins et de Villeneuve, 17 placards (1790–an VII).

MÉLANGES.

Journaux. — *Journal patriotique de l'Agenais*, 4 vol. (20 déc. 1789–1 déc. 1790).

Calendrier national du département. Annuaire du Lot-et-Garonne. 3 vol. (1792, an II et an VIII).

Journal du peuple français, par Albert Brondex, 4 fasc. (an III, nos 4, 6, 7, 23).

Gazette française. Papier nouvelle de tous les jours et de tous les pays. 1 liasse (13 janv. 1795–17 janv. 1796).

Nouvelles politiques nationales et étrangères, 1 liasse (sept. 1795–mars 1796).

Imprimés non périodiques. — Adresse de l'Assemblée nationale à ses commettants. Lettre des électeurs de la sénéchaussée à leurs députés aux États-Généraux. Réponse d'un citoyen actif à la lettre de M. de Beaumont au département de Lot-et-Garonne, pour protester contre l'abolition des privilèges de la noblesse. Discours du Roi à l'Assemblée nationale, le 4 février 1790. Adresse de l'assemblée électorale du département à l'Assemblée nationale. Plaquette du *Journal de Paris*, sur le duc d'Aiguillon. 5 pièces (1789–1790).

Impressions agenaises diverses : Copie de la lettre écrite aux administrateurs du département de Lot-et-Garonne par les représentants du peuple députés par le même département à la Convention. Adresse des administrateurs du département à la Convention. Arrêtés des comités de la Convention. Adresse des citoyens du Finistère, 20 pièces (an II–an III).

Impressions agenaises : « Pièce trouvée à Venise dans le portefeuille de M. d'Antraigues et écrite entièrement de sa main », 1 plaq. (an V).

Rapports, discours, opinions : Rapports fait à l'Assemblée nationale, par Jean de Batz, député de Nérac, sur la dette ancienne, 4 plaq. (1790).

Opinions de Salle, député de la Meurthe, sur les événements de juin 1791. Rapport sur la séance du 13 juillet par Muguet de Nauthon (Haute-Saône). Opinions d'Adrien Duport, de Barnave. Discours de Daunou et de Boissy d'Anglas. Rapports d'Ysabeau et de Barras. 8 plaq. (1790–an III).

Procès de Louis XVI : Opinions de Paganel et de Boussion, députés du Lot-et-Garonne à la Convention. Défense de Louis, par de Sèze. 3 plaq. (1793).

Discours et rapports aux conseils des Cinq-Cents et des Anciens par Souilhé, Laujacq, Depère, Bourg-Laprade, J.-C. Lacuée et Lafont. 20 plaq. (an IV et an VII).

Histoire; géographie; statistique; 1 vol. (1792–an XI).

Prospectus : Collection de décrets rendus par l'Assemblée nationale, ouvrage utile à MM. les jeunes médecins et jeunes chirurgiens. Journal diplomatique de droit public. « Révolutions de France et de Brabant. » Journal gratuit publié par une société de gens de lettres. 5 pièces (1790–1792).

« Manuel des assemblées primaires et électorales de France avec des notes sur les factions d'Espagne et d'Orléans. » « Les métamorphoses ou liste des noms de famille et patronymiques des ci-devant ». 1 vol., 1 plaq. (1793).

Le cri de la Vérité. Affaire de Montauban. Rapport sur J.-J. Rousseau fait au nom du comité d'instruction publique le 29 fructidor an III. *La Feuille villageoise*, 1791, note intéressant la commune de Villeneuve-sur-Lot. 3 plaq. (1791–an III).

Hymne chanté dans la séance de la Convention du 23 thermidor an III. Chant pour l'anniversaire de la République par Amalric, musique de Catal. Dialogue sur l'utilité morale et politique des institutions républicaines, lu à la réunion décadaire de la commune d'Agen. 3 plaq. (an III–an VII).

MINISTÈRE DE L'INSTRUCTION PUBLIQUE, DES BEAUX-ARTS
ET DES CULTES

DIRECTION DES ARCHIVES

ÉTAT SOMMAIRE

DES PAPIERS DE LA PÉRIODE RÉVOLUTIONNAIRE
CONSERVÉS DANS LES ARCHIVES DÉPARTEMENTALES

(SÉRIE L)

MARNE

EXTRAIT DU TOME SECOND (LOIRET À YONNE)

PARIS
IMPRIMERIE NATIONALE

MDCCCCVII

MINISTÈRE DE L'INSTRUCTION PUBLIQUE, DES BEAUX-ARTS
ET DES CULTES

DIRECTION DES ARCHIVES

ÉTAT SOMMAIRE

DES PAPIERS DE LA PÉRIODE RÉVOLUTIONNAIRE CONSERVÉS DANS LES ARCHIVES DÉPARTEMENTALES

(SÉRIE L)

MARNE

EXTRAIT DU TOME SECOND (LOIRET À YONNE)

PARIS
IMPRIMERIE NATIONALE

MDCCCCVII

MARNE.

La série L de la Marne se trouve répartie entre deux dépôts : les archives départementales et les archives communales de Reims. Ces dernières n'ont conservé que la moindre partie, consistant en documents provenant des comités de surveillance et comités révolutionnaires du district de Reims, société populaire de cette ville et tribunaux de l'époque révolutionnaire. Les deux sections de la série L ont reçu un classement sommaire.

I. — DÉPÔT DE CHÂLONS.

DÉPARTEMENT.

Lois et décrets imprimés. — Décrets de l'Assemblée nationale; arrêts du Conseil d'État du Roi; décrets de la Convention, etc.; 101 liasses (1790-an XIII).

Proclamations du Roi; lettres patentes (impr. du département); 2 liasses (1789-1790).

Proclamations du Roi: lettres patentes (impr. à Paris); 2 liasses (1789-1792).

Arrêtés du comité de salut public, 1 liasse (an II-an III).

Actes du conseil et du directoire du département. — Arrêtés de l'administration départementale (conseil et directoire) [minutes], 2 liasses (1792-an II).

Délibérations et arrêtés du conseil du département : session préliminaire (25 juin-4 juillet 1790); session de 1790 (3 nov.-14 déc.); 1 reg.

Session de 1791 (15 nov.-13 déc.), 1 vol. (impr.), 1 reg.

Session permanente et session ordinaire de 1792 (23 juill. 1792-30 janv. 1793); session permanente et session ordinaire de 1793 (7 avr. 1793-23 brum. an II); 4 reg.

Rapport de la gestion du directoire fait au conseil du département les 15 et 16 novembre 1791, 1 vol. (impr.).

Délibérations et arrêtés du directoire du département, 5 reg. (7 juill. 1790-8 brum. an IV).

Délibérations et arrêtés de l'administration centrale du département. — 11 reg. (9 brum. an IV-24 germ. an VIII).

Actes des représentants du peuple en mission.

Voir ci-dessous : correspondance échangée entre l'administration du département et les commissions exécutives, etc.; et plus loin : manufactures d'armes, forges de la Haute-Marne, etc.

Correspondance générale. — Correspondance échangée entre l'administration du département et les commissions exécutives, 1 liasse (an II-an III).

Lettres des représentants en mission Albert, Battellier, Bo, Delacroix, Duroy, Marchal, Massieu, Vidalin, etc.

Correspondance échangée entre les ministres, les districts, les cantons, 7 reg. (1790-an VIII).

Pétitions. — Enregistrement des pétitions.

Pétitions et requêtes; décisions et arrêtés du département. 27 reg. (1790-an VIII).

AFFAIRES DIVERSES.

Formation du département. — Divisions administratives (département, districts, communes), 4 reg. (1790-an VI).

Personnel administratif. — 4 liasses (an II-an VI).

Élections. — Listes électorales; assemblées électorales; 2 liasses (1790-an VII).

Tableau du dépouillement et recensement du vœu des assemblées primaires sur la constitution présentée par la Convention, 1 vol. (an IV).

Administration générale. — Renouvellement des autorités constituées (loi du 19 fructidor an V), 1 liasse.

Affaires politiques : fuite et arrestation du Roi; la patrie en danger, etc.; 1 liasse (sept. 1791- sept. 1792).

Correspondance échangée entre les agents nationaux près les districts et le comité de salut public, 1 liasse (an II-an III).

Comptes décadaires fournis aux comités de salut public et de sûreté générale par l'agent national près le district de Châlons, 1 liasse (an II-an III).

Arrêtés et lettres des administrations cantonales adressés au département, 1 liasse (an IV).

Police générale et administrative. — Surveillance des lettres et paquets venant de l'étranger, 1 liasse (1793–an IV).

Circulaires; instructions; correspondance relative aux émigrés; 2 liasses (1792–an IV).

Émigrés, 133 liasses (1792–an IX).

Dossiers intéressant surtout les personnes et classés par ordre alphabétique.

Listes d'émigrés; radiations; certificats de non-émigration; 1 liasse (an II).

Sûreté publique; dénonciations; signalements; arrestations, etc. 5 liasses (an VI–an X).

Attentats; extinction du fanatisme; emblèmes séditieux; brûlements de papiers féodaux, etc. 4 liasses (1790–an VII).

Désarmement, 1 liasse (an II–an IV).

Troubles; mouvements séditieux. 1 liasse (1791–an V).

Enregistrement des passeports, 1 reg. (29 therm. an VI–14 niv. an XI).

Signatures des administrateurs des départements pour découvrir les faux passeports. Fêtes et cérémonies publiques. Arbres de la liberté. Théâtres, concerts. 3 liasses (1790–an VIII).

Enregistrement des certificats de résidence (pour le département), 2 reg. (1790–1793).

Enregistrement des certificats de résidence des citoyens domiciliés hors le département, 1 reg. (1791–an III).

Certificats de résidence envoyés par Paris et les autres départements, 3 liasses (an II–an III).

Santé publique. — Hygiène, médecine; épidémies. 1 liasse (an III–an VIII).

Subsistances. — Cuirs; peaux; souliers; savons; sucres; farines. 1 liasse (an II–an VI).

Réquisition de porcs, 1 liasse (an III).

Produit des récoltes, 1 liasse (1792–an II).

Foires et marchés, 1 liasse (an III–an X).

Approvisionnement de Paris; approvisionnement des maîtres de postes; 1 liasse (an II–an V).

Recensement de grains et de fourrages. Correspondance, affaires générales relatives aux subsistances. 2 liasses (an II–an V).

Prix des grains et fourrages; achats, versements aux magasins; 3 liasses (an III–an V).

Réquisitions de grains et de paille; mercuriales; 3 liasses (1792–an IV).

Population. — Correspondance et affaires générales, 1 liasse (an III–an IV).

État civil. — Correspondance et affaires générales, 1 liasse (an III–an IV).

Agriculture. — Généralités. Documents relatifs aux béliers, brebis, taureaux, vaches d'Espagne, etc. 1 liasse (1791–an VIII).

Échenillage; pêche; chasse; 1 liasse (an II–an VII).

Droit de minage, 1 liasse (1790–1793).

Recensement des chanvres, laines, huiles, navettes, chènevis, 1 liasse (an II–an III).

Haras; recensement des chevaux; 1 liasse (an II–an VI).

Épizooties; certificats de visites des vétérinaires; 2 liasses (an III–an VIII).

Destruction des loups, 2 liasses (an III–an VI).

Industrie. — Brasseries, papeteries; marque des étoffes; fabrication des lainages, toiles. Forges. 1 liasse. (1791–an V).

Brevets d'invention, 1 liasse (1791–an V).

Manufactures d'armes. Forges de la Haute-Marne et de la Meuse. Manufacture de Sèvres. 1 liasse (1790–an VIII).

Papiers de Battellier, représentant du peuple à la Convention nationale. Battellier, membre de la commission des épreuves, avait été chargé de la surveillance de la fabrique d'armes de Meudon, délégué par la Convention pour administrer provisoirement la manufacture de Sèvres, etc.

Commerce. — Affaires générales. Chambres et tribunaux de commerce. Maximum. 2 liasses (1791–an III).

Administration et comptabilité départementale. — Pièces diverses de comptabilité (commissaires du Directoire exécutif près les administrations cantonales; administration centrale et magistrature; travaux publics; postes). 9 liasses, 16 reg. (1791–an VIII).

Mandats, 2 liasses (an V–an VI).

Achats de chevaux, harnais; produit de ventes diverses; etc.; 11 reg. (an II–an IV).

Frais d'impression, 1 liasse (an IV–an VII).

Cautionnement des trésoriers des districts, 1 liasse (1792–an VII).

Administration et comptabilité communale. — 4 liasses (an IV–an VIII).

Papiers classés par ordre alphabétique des communes.

Gardes champêtres, 1 liasse (1790–an VI).

Chemins vicinaux, 1 liasse (1792–an V).

Acquisitions; travaux; biens communaux; 17 liasses (1790–an VIII).

État des sommes demandées pour l'acquit des dépenses

communales. État des charges locales. Fixation des dépenses des administrations municipales. Actif et passif des municipalités. Comptes des communes, des percepteurs. 29 liasses, 3 reg. (1791–an VII).

État des sommes allouées aux administrations cantonales en l'an VII, 1 liasse.

État des dépenses des municipalités de canton, 10 liasses (an IV–an VIII).

Finances. — Lettres et circulaires ministérielles, 2 liasses (1790–an III).

Envoi de fonds, 1 liasse (1791–1792).

Impositions. Affaires générales, instructions, correspondance. 4 liasses (1790–1792).

Trésorerie nationale : correspondance, 3 reg. (1791–an IV).

Trésoriers généraux et receveurs, 4 liasses (1791–an V).

Adjudication des perceptions des contributions. Vérification des caisses des percepteurs. 5 liasses (an IV–an VIII).

Caisse de l'extraordinaire, 2 liasses (1791–an III).

Papier-monnaie; assignats; monnaie de cuivre; échange d'assignats contre du numéraire. 3 liasses, 3 reg. (1792–an IV).

Cloches. Or; argent; cuivre; fer. 1 liasse (1791–an V).

Impôts des six derniers mois de 1789, 8 liasses.

Contributions directes, 3 liasses (1790–an VIII).

Contribution foncière : affaires générales; circulaires; instructions; 6 liasses (1790–an VIII).

Contributions mobilière, personnelle et somptuaire, 12 liasses (1792–an VIII).

Patentes; emprunt forcé; contribution patriotique; 16 liasses, 3 reg. (1790–an VIII).

Établissements supprimés; liquidation des créances. 3 liasses (1792–an VI).

Bois : correspondance; affaires générales. Personnel forestier. Adjudications. 11 liasses (1790–an IX).

Traites foraines; sel; tabac. Droits supprimés; remplacements. 5 liasses (an II–an VII).

Postes, 1 liasse (1790–an VIII).

Guerre et affaires militaires. — Correspondance générale; instructions; 1 liasse (an II–an VIII).

Recrutement; levée en masse. Volontaires. 3 liasses (an II–an VIII).

Tirage au sort. État des défenseurs de la patrie. État des jeunes gens compris dans la première réquisition et qui peuvent être nécessaires aux arts et à l'agriculture. 3 liasses (1792–an VIII).

Décisions prises sur les demandes d'exemption de service faites par les militaires de la première réquisition, 3 reg. (an IV–an VI).

Inscription des militaires et réquisitionnaires venant au dépôt de Châlons, 1 reg. (an V–an VI).

Vétérans nationaux, 1 liasse (an VII).

Levée de 30,000 hommes de cavalerie, 1 liasse (1793–an IV).

Garde nationale; noms des citoyens qui la composent; 1 liasse (1792).

Papiers classés par ordre alphabétique des communes.

Artillerie et génie. Bataillon auxiliaire de la Marne. 2 liasses (1792–an II).

Gendarmerie. Correspondance générale; organisation des brigades; solde; vivres et fourrages; procès-verbaux; feuilles de service; dossiers personnels. 9 liasses (1790–an VII).

Correspondance des municipalités avec le directoire du département concernant les réquisitionnaires, 1 liasse (an VI–an VII).

Levée extraordinaire de chevaux. Bordereau des mandats expédiés par l'administration centrale en vertu de la loi du 4 vendémiaire an VIII. 1 reg.

Certificats de fournitures de chevaux; chevaux de luxe; etc.; 2 liasses (an II–an VIII).

Réquisitions de voitures, chevaux, fourrages; chevaux et pouliches (signalements); chevaux et voitures (indemnités pour pertes); chevaux mis en dépôt chez les cultivateurs (chevaux du Roi, chevaux des vivres); dénombrement des chevaux; levée du trentième cheval. 7 liasses (1791–an VIII).

Acquisitions de chevaux et voitures pour le parc de Kaiserslautern, 1 liasse (an III).

Bons de réquisitions, 30 liasses (an V–an VIII).

Subsistances militaires; réquisitions de grains; paille, fourrage (frais de transport); 3 reg. (an IV–an V).

Réquisitions (certificats d'exemption), 1 liasse (an V–an VI).

Réquisitionnaires : correspondance; réclamations; procès-verbaux de visites; 4 liasses (an IV–an VII).

Certificats d'officiers de santé, 9 liasses (an III–an VIII).

Habillement. Armement. Poudres et salpêtres. 3 liasses (an II–an III).

Feuilles de route; logement; casernement; cantonnements; passages de troupes; cantonnement de bataillons de volontaires. 6 liasses (1793–an VII).

Étapes et convois, 7 liasses (an II–an III).

École d'artillerie de Châlons, 1 liasse (1791–1803).

Garde du Roi, 1 liasse (1790–1792).

Prisonniers de guerre. Déserteurs étrangers. 6 liasses (an II–an VII).

Discipline; congés; réforme; invalides; pensions. 9 liasses (1792–an IV).

Jury militaire de Châlons. Déclarations concernant les conscrits et réquisitionnaires non incorporés. 5 reg. (an VII–an VIII).

Secours aux pays ravagés par la guerre. Marine, colonies. 1 liasse (1792–an VIII).

Travaux publics. — Ponts et chaussées : correspondance; personnel; 3 liasses (1790–an V).

Prestations. Travaux des routes : affaires générales; adjudications; travaux d'entretien. 6 liasses, 4 registres (1790–1801).

Etats de situation des recettes et des dépenses des travaux des routes, 2 liasses (1790–an VIII).

Travaux publics; travaux et ateliers de charité; mines; bois de marine. 1 liasse (1790–an III).

Barrières : taxes d'entretien. Pavés des routes. Indemnités aux propriétaires. 9 liasses (an II–an VIII).

Pépinières, 1 liasse (1790–an V).

Rivières et canaux; rivière de Marne; pont de Châlons. Étangs : desséchements; marais de Saint-Gond. Cours d'eau et usines. 4 liasses (1790–an VIII).

Instruction publique, sciences et arts. — Affaires générales; statistiques; 3 liasses (an IV–an VI).

Facultés, universités. Écoles de charité. Monuments des arts. 1 liasse (1791–an VII).

Bibliothèques et musées (généralités), 1 liasse (1791–an VII).

Instruction primaire; comptabilité; écoles primaires. 3 liasses, 2 reg. (an II–an III).

Collèges (Châlons, Dormans, Épernay, Fismes, Reims, Sainte-Menehould, Sézanne, Vitry), 1 liasse (1790–an VIII).

École centrale de Châlons. Cabinet d'histoire naturelle. Classes de chimie et de physique. 1 liasse (1792–an VIII).

Cours d'accouchement, 1 liasse (1791–an IV).

Justice. — Formation des jurys, 3 liasses (1790–1800).

Tribunal criminel du département, 1 liasse (1790–an IV).

Tribunaux correctionnels et de police, 1 liasse (an IV–an VI).

Traitement des juges, 3 liasses, 2 reg. (an V–an VI).

Notariat, 1 liasse (1792–1800).

Culte. — Archevêché : protestation de l'ancien archevêque contre la constitution civile du clergé (8 déc. 1790). Traitement de l'archevêque (1790–1791). Évêché constitutionnel du département : élection de M. Diot, curé de Vendresse; sa reconnaissance par les municipalités; son traitement (1791–an XII).

Réparations au logement de l'évêque métropolitain, 1 liasse (1790–an XII).

Évêché : personnel. Pièces relatives à l'ancien évêque M. de Clermont-Tonnerre (janv. 1791–juin 1792). Vicaire épiscopal, etc. Chambre diocésaine. Château de Sarry. 1 liasse (1791–an VII).

Abbayes; prieurés; congrégations; 2 liasses (1790–1792).

Nomination aux cures, 2 liasses (1790–an II).

Visite des édifices destinés au culte, 2 liasses (an VII–an VIII).

Dépenses du culte. Traitements. Pensions ecclésiastiques (arrêté des consuls du 3 prairial an X). 4 liasses (1791–an VIII).

Fabriques et cures (correspondance). Fabriques situées hors du département. 2 liasses (1790–an VIII).

Églises et presbytères (travaux), 1 liasse (1790–an VIII).

Serments des fonctionnaires publics. Prestation de serment des prêtres. Police des cultes. 8 liasses (1790–an VIII).

Prêtres reclus; déportés; 3 liasses (1793–an VI).

Séminaires de Châlons, Épernay et Reims, 1 liasse (1790–an II).

Ordre de Malte, 1 liasse (1790–1792).

Assistance publique. — Sourds-muets. Aveugles. Enfants trouvés. 4 liasses (1790–1800).

Hospices et hôpitaux, 1 liasse (1790–an VII).

Pertes et secours. Grêle. Caisse des incendiés. 3 liasses (1790–an VII).

Mendicité. Sœurs de charité. 1 liasse (1790–an VI).

Établissements de répression. — Dépôt de mendicité de Châlons : correspondance; comptabilité; 10 liasses (1785–an X).

Prisons et détenus; frais des maisons d'arrêt; 2 liasses (1790–an VII).

DISTRICTS.

CHÂLONS-SUR-MARNE :

Lois et décrets. — Envoi des lois aux municipalités; certificats de publication et de transcription; 1 liasse (1792–an VII).

Enregistrement des lois et décrets, 1 reg. (21 sept. 1792–3 brum. an IV).

Arrêtés de l'administration départementale (conseil et directoire). — 1 liasse (1790–1793).

Affaires se rapportant au district.

Délibérations et arrêtés du conseil du district. — 4 reg. (25 juin 1790–1 flor. an III).

Délibérations et arrêtés du directoire du district. — 6 reg. (30 sept. 1790–30 brum. an IV).

Correspondance générale. — Correspondance de l'agent national, 1 reg. (pluv. an II–germ. an III).

Correspondance avec le département et autres autorités supérieures, 1 liasse (1790–1793).

Correspondance avec les maires, 2 liasses (an II–an III).

Pétitions et requêtes. — 2 reg. (an III–an VIII).

Personnel administratif. — États des maires, officiers municipaux, notables, 1 liasse (an III).

Renouvellement des municipalités. Tableau nominatif des corps administratifs municipaux et comité révolutionnaire du district. 1 liasse (an II–an III).

Élections. — Liste des citoyens actifs et éligibles au 1 avril 1790, 1 liasse.

Assemblées primaires; assemblées électorales; 2 liasses (1790–an VI).

Police. — Certificats de civisme, 1 liasse (an II–an III).

Subsistances. — État des terres ensemencées pour la récolte des ans III et IV, 1 liasse.

Approvisionnement des marchés, 2 liasses (an II–an V).

Recensement des grains chez les particuliers. Recensement et réquisition de bœufs, vaches, taureaux, etc. Tableau des animaux à nourrir. 1 liasse (an II–an V).

Maximum, 1 liasse (1793–an II).

Population. — 1 liasse (an III–an IV).

État civil. — État des registres de l'état civil, 1 liasse (an III–an IV).

Finances. — Comptes des receveurs, 1 liasse (1793–1800).

Produit des droits dont la perception est confiée à la régie nationale de l'enregistrement, 1 liasse (1793–an IV).

Établissements supprimés : liquidation des créances, 2 liasses (1792–an V).

Contributions directes, 7 liasses (1790–an VIII).

Contribution foncière : rôles, dégrèvements et décharges; 7 liasses (1792–an VII).

Impositions : demandes en décharge, 1 liasse (1789–1790).

Monnaie de cuivre, 1 liasse (1791–an VII).

Patentes. Contributions mobilière, personnelle et somptuaire. 7 liasses (1792–an VIII)

Contribution patriotique. Emprunt forcé. 11 liasses (1790–an VIII).

Cloches. Or, argent, fer. 1 liasse (1791–an V).

Guerre et affaires militaires. — Garçons, veufs sans enfants de 18 à 40 ans. Recrutement; levée en masse. Volontaires. 6 liasses (an II–an VIII).

Dénombrement des citoyens inscrits dans la garde nationale, dans la ligne, etc. Garde nationale. 2 liasses (an III–an VIII).

Équipement; habillement; magasins. Armement (fusils, sabres, etc.). Poudres et salpêtres. 4 liasses (an II–an VI).

Désarmement, 1 liasse (an II–an III).

Subsistances militaires : grains et fourrages; réquisitions de chevaux, voitures, fourrages. 4 liasses (1791–an VII).

Levée extraordinaire de chevaux; procès-verbaux d'estimation; 1 reg. (an VIII).

Secours aux pays ravagés par la guerre, 1 liasse (1792).

Travaux publics. — Ponts et chaussées : correspondance, 1 liasse (1790–an VIII).

Travaux des routes; travaux de charité; 6 liasses (1790–an VII).

Instruction publique, sciences et arts. — Instituteurs et écoles primaires, 1 liasse (1790–an X).

Bibliothèques de Châlons, de l'école centrale de Châlons, de l'académie de Châlons, des établissements religieux (Châlons, La Veuve, Vertus), 1 liasse (1791–an IV).

Justice. — Formation des jurys. Justices de paix. Frais de justice. 1 liasse (1790–an VI).

Culte. — Traitements ecclésiastiques. Dépenses du culte. Pensions ecclésiastiques. 5 liasses, 4 reg. (1790–an IV).

Congrégations religieuses, 5 liasses (1790–an II).

Fabriques, 8 liasses (an III–an VIII).

Églises et presbytères : travaux, 1 liasse (1790–an VIII).

Serment des prêtres, fonctionnaires publics, 1 liasse (1792–an VI).

Déclaration des ecclésiastiques qui sont dans l'intention de sortir du territoire français, 1 reg. (1792–1793).

Assistance publique. — Enfants trouvés, 3 liasses (1792–an IV).

Pertes et secours, 1 liasse (1790–an VII).

Secours aux parents des défenseurs de la patrie, 2 liasses (1792–an III).

Hospices et hôpitaux (Châlons, Vertus), 1 liasse (1792-an VI).

Établissements de répression. — Prisons de Châlons; détenus; 1 liasse (1791-an IV).

ÉPERNAY :

Lois et décrets. — Enregistrement des lois et décrets 1 reg. (an III-an VIII).

Arrêtés de l'administration départementale (conseil et directoire). — 1 liasse (1790-1792).

Affaires se rapportant au district.

Délibérations et arrêtés du conseil du district. — 4 reg. (25 juin 1790-9 vent. an III).

Délibérations et arrêtés du directoire du district. — 2 reg. (5 juill. 1790-2 frim. an IV).

Correspondance générale. — 2 reg. (4 juill. 1790-8 niv. an V).

Le premier de ces registres, du 4 juillet 1790 au 17 frimaire an II, a servi à enregistrer la correspondance échangée entre le bureau intermédiaire, la commission intermédiaire, les procureurs syndics, du 22 janvier 1789 au 21 juin 1790.

Correspondance avec le département, 1 liasse (1791).

Pétitions et requêtes. — Registres d'ordre, 4 reg. (30 sept. 1790-vent. an III).

Élections. — Liste des citoyens actifs et éligibles au 1 avril 1790, 1 liasse.

Assemblées primaires; assemblées électorales; 1 liasse (1790-1791).

Renouvellement des municipalités, 2 liasses (1792-an VII).

Police administrative. — Passeports, 1 reg. (17 brum. an VI-26 germ. an VIII).

Subsistances. — État des terres ensemencées pour la récolte de l'an IV, 1 liasse.

Approvisionnement des marchés; réquisitions; prix des grains; maximum. 2 liasses (1792-an V).

Population. — 1 liasse (an III-an IV).

État civil. — État des registres de l'état civil, 1 liasse (an IV).

Finances. — Monnaie de cuivre. Cloches. Or; argent; fer. 2 liasses (1791-an V).

Établissements supprimés; liquidation des créances, 2 liasses (1792-an VI).

Requêtes en décharge d'impositions, 2 liasses (1790-an III).

Contributions directes, 5 liasses (1790-an VIII).

Contribution foncière : rôles; dégrèvements; décharges; 8 liasses (1792-an VI).

Patentes, 4 liasses (1791-an VIII).

Contributions foncière, personnelle et somptuaire, 6 liasses (1792-an VIII).

Contribution patriotique. Emprunt forcé. 11 liasses (1790-an VIII).

Guerre et affaires militaires. — Correspondance et circulaires, 1 liasse (an II-an III).

Recrutement. Levée en masse. Volontaires. 5 liasses (1792-an VIII).

Équipement; habillement. Armement; poudres et salpêtres. 4 liasses (1793-an VII).

Désarmement, 1 liasse (an II-an III).

Subsistances militaires : grains et fourrages, 2 liasses (1793-an VI).

Réquisitions de chevaux, voitures et fourrages, 2 liasses (an IV-an VII).

Secours aux pays ravagés par la guerre, 1 liasse (1792).

Travaux publics. — Ponts et chaussées : correspondance, 1 liasse (1791-an VIII).

Travaux des routes; travaux de charité; 3 liasses (1791-an VI).

Instruction publique, sciences et arts. — Bibliothèques des établissements religieux (Épernay, Hautvillers, Montmort), 1 liasse (1791-an IV).

Justice. — Formation des jurys. Justices de paix. Frais de justice. 1 liasse (1790-an VI).

Culte. — Pensions ecclésiastiques, 2 liasses (1791-an VIII).

Délibérations concernant le traitement du clergé, 1 reg. (1791).

Congrégations religieuses, 2 liasses (1790-an II).

Fabriques, 4 liasses (1790-an VIII).

Églises et presbytères : travaux, 1 liasse (1790-an VIII).

Serments des prêtres, fonctionnaires publics, 1 liasse (1791-an X).

Assistance publique. — Enfants trouvés, 2 liasses (an II-an V).

Pertes et secours, 1 liasse, 1 reg. (26 août 1790-15 mess. an VIII).

Secours aux parents des défenseurs de la patrie, 2 liasses (1792–an III).

Hospices et hôpitaux (Ay, Avenay, Épernay, Louvois), 1 liasse (1785–an V).

Établissements de répression. — Prisons d'Épernay; détenus. 1 liasse (1792–an V).

REIMS :

Lois et décrets. — Certificats de consignation et d'envoi des lois aux municipalités, 1 liasse.

Arrêtés de l'administration départementale (conseil et directoire). — 1 liasse (1790–1791).

Affaires se rapportant au district.

Délibérations et arrêtés du conseil du district. — 3 reg. (15 sept. 1790–9 vent. an III).

Délibérations et arrêtés du directoire du district. — 4 reg. (25 juin 1790–30 brum. an IV).

Correspondance générale. — 3 liasses (1790–an V).

Copies de lettres, 1 reg. (3 pluv. an II–26 mess. an III).

Registre d'ordre de la correspondance, 1 reg. (27 avr. 1792–7 frim. an IV).

Pétitions et requêtes. — 2 reg. (29 nov. 1792–30 brum. an IV).

Enregistrement de requêtes, 3 reg. (1791–9 déc. 1792).

Élections. — Liste des citoyens actifs et éligibles au 1 avr. 1790, 1 liasse.

Assemblées primaires; assemblées électorales; 2 liasses (1790–1791).

Renouvellement des municipalités, 2 liasses (1790–an VII).

Subsistances. — Produit des récoltes, 1 liasse (1792–an II).

État des terres ensemencées pour la récolte de l'an IV, 1 liasse.

Fourniture de viande. Réquisition de grains; grains existant en magasin; grains fournis aux marchés. 3 liasses (1793–an VI).

Délibérations de la commission du commerce et approvisionnements, 1 reg. (an II–an III).

Recensement des porcs. Subsistances. Approvisionnement des marchés. Maximum. 3 liasses (1793–an IX).

Population. — 1 liasse (an III–an IV).

État civil. — État des registres de l'état civil, 1 liasse (an III–an IV).

Statistique. — Recensements des chevaux et mulets, 1 liasse (an VIII).

Finances. — Comptes des receveurs, 1 liasse (an III–an IV).

Établissements supprimés; liquidation des créances; 2 liasses (1792–an VI).

Impositions : demandes en décharge, 1 liasse (1789–1790).

Contributions directes, 6 liasses (1790–an VIII).

Contribution foncière : rôles; dégrèvements; décharges; 8 liasses (an II–an VII).

Patentes. Contributions personnelle, foncière et somptuaire. 11 liasses (1791–an VIII).

Emprunt forcé. Contribution patriotique. 15 liasses (1790–an VIII).

Monnaie de cuivre. Cloches. Or; argent, fer. 2 liasses (1791–an V).

Guerre et affaires militaires. — Célibataires; veufs sans enfants de 18 à 40 ans; 1 liasse (an II).

Recrutement. Levée en masse. Volontaires. 6 liasses (1792–an VII).

Garde nationale, 2 liasses (1792–an VIII).

Équipement; habillement. Magasins. Armement; poudres et salpêtres. 3 liasses (1793–an VI).

Désarmement, 1 liasse (an II–an III).

Subsistances militaires : grains et fourrages, 2 liasses (1791–an VIII).

Réquisitions de chevaux, voitures, fourrages. Levée extraordinaire de chevaux; procès-verbaux d'estimation. 2 liasses (an IV–an VIII).

Secours aux pays ravagés par la guerre, 1 liasse (1792).

Travaux publics. — Ponts et chaussées : correspondance, 1 liasse (1790–an VIII).

Travaux des routes; travaux de charité; 6 liasses (1792–an VIII).

Instruction publique, sciences et arts. — Instituteurs et écoles primaires, 1 liasse (an II–an VII).

Bibliothèque publique de Reims; bibliothèque des établissements religieux; 1 liasse (1791–an IV).

Justice. — Formation des jurys. Justices de paix. Frais de justice, 1 liasse (1790–an VI).

Culte. — Traitements des bénéficiers supprimés, 1 reg. (1790–1791).

Délibérations relatives au traitement du clergé, 1 reg. (1791).

Pensions ecclésiastiques, 4 liasses (1790-an VIII).

Fabriques. Congrégations religieuses. 13 liasses (1790-an VIII).

Églises et presbytères : travaux, 1 liasse (1790-an VIII).

Serments des fonctionnaires publics, 1 liasse (1792-an X).

Assistance publique. — Enfants trouvés, 2 liasses (1793-an VIII).

Pertes et secours, 1 liasse (1791-an VI).

Secours aux parents des défenseurs de la patrie, 1 liasse (1792-an VI).

Hospices et hôpitaux (Cormicy, Fismes, Reims, Saint-Thierry, Verzy), 1 liasse (1791-an VIII).

Établissements de répression. — Prisons de Reims : détenus, 1 liasse (1791-an VII).

SAINTE-MENEHOULD [Montagne-sur-Aisne] :

Lois et décrets. — Enregistrement des lois et décrets, 4 reg. (1790-an II).

Certificats de consignation et d'envoi des lois aux municipalités, 1 liasse (an III-an VI).

Arrêtés de l'administration départementale (conseil et directoire). — 1 liasse (1790-1791).

Affaires se rapportant au district.

Délibérations et arrêtés du conseil du district. — 3 reg. (15 oct. 1791-4 flor. an III).

Délibérations et arrêtés du directoire du district. — 5 reg. (1 juill. 1790-30 brum. an IV).

Correspondance générale. — 2 reg. (26 brum. an II-brum. an IV).

Requêtes et mémoires. — 3 reg. (23 févr. 1792-brum. an IV).

Élections. — Liste des citoyens actifs et éligibles au 1 avril 1790, 1 liasse.

Assemblées primaires; assemblées électorales; 2 liasses (1790-1792).

Renouvellement des municipalités, 1 liasse (1792-an VII).

Subsistances. — État des terres ensemencées pour la récolte des ans III et IV, 1 liasse.

Réquisitions; prix des grains. Réquisitions de porcs, 2 liasses (1793-an V).

Subsistances. Approvisionnement des marchés. Maximum. 2 liasses (1793-an VIII).

Population. — 1 liasse (an III-an IV).

État civil. — 1 liasse (an IV).

État des registres de l'état civil, 1 liasse (an III-an IV).

Finances. — Établissements supprimés : liquidation des créances, 2 liasses (1792-an VI).

Contributions : comptabilité, 6 liasses (1791-an VIII).

Contributions foncière et mobilière. Patentes. 4 liasses, 3 reg. (1791-an VIII).

Impositions : demandes en décharge, 1 liasse (1789-1790).

Contributions directes, 6 liasses (1790-an VIII).

Contribution foncière : rôles; dégrèvements; décharges; 7 liasses (an II-an VII).

Contributions personnelle et foncière, 5 liasses (1792-an VIII).

Emprunt forcé. Contribution patriotique. 12 liasses (1790-an VIII).

Monnaie de cuivre. Cloches. Or; argent; fer. 2 liasses (1791-an V).

Guerre et affaires militaires. — Correspondance et circulaires, 1 liasse (an II-an III).

Célibataires; veufs sans enfants de 18 à 40 ans; 1 liasse (an II).

Recrutement. Levée en masse. Volontaires. 5 liasses (an II-an VIII).

Garde nationale, 1 liasse (1793-an V).

Équipement; habillement. Magasins. Poudres et salpêtres. 3 liasses (an III-an VIII).

Désarmement, 1 liasse (an III-an VI).

Subsistances militaires : grains et fourrages, 2 liasses (1793-an VIII).

Réquisitions de chevaux, voitures, fourrages. Levée extraordinaire de chevaux. 4 liasses (an IV-an VII).

Secours aux pays ravagés. Pertes et secours. 3 liasses, 1 reg. (1792-an III).

Travaux publics. — Ponts et chaussées : correspondance, 1 liasse (1790-an VIII).

Travaux des routes; travaux de charité; 3 liasses (1792-an VIII).

Instruction publique, sciences et arts. — Écoles, 1 liasse (1792-an IV).

Bibliothèques des établissements religieux (Châtrices, Moiremont, etc.), 1 liasse (1792-an IV).

Justice. — Jurys. Justices de paix. Frais de justice, 1 liasse (1790-an V).

Culte. — Traitement du clergé. Pensions ecclésiastiques. 1 liasse, 1 reg. (1790-an VIII).

Congrégations religieuses. Fabriques; églises; presbytères. 3 liasses (1790-an VII).

Serments des fonctionnaires, 1 liasse (1792-an X).

Assistance publique. — Enfants trouvés, 1 liasse (1790-1800).

Pertes et secours, 1 liasse (1791-an VI).

Secours aux parents des défenseurs de la patrie, 2 liasses (1792-an VI).

Hospices et hôpitaux (Sainte-Menehould), 1 liasse (1793-an VI).

Établissements de répression. — Prisons de Sainte-Menehould : détenus, 1 liasse (1790-an VII).

SÉZANNE :

Lois et décrets. — Enregistrement des lois et décrets, 4 reg. (10 oct. 1790-an III).

Certificats de consignation et d'envoi des lois aux municipalités, 1 liasse (an II-an V).

Arrêtés de l'administration départementale (conseil et directoire). — 1 liasse (1790-1791).

Affaires se rapportant au district.

Délibérations et arrêtés du directoire du district. — 3 reg. (26 juin 1790-brum. an IV).

Le premier de ces registres a servi à inscrire les délibérations de la commission intermédiaire de l'élection de Sézanne (31 août 1787-22 juin 1790).

Délibérations et arrêtés relatifs aux subsistances, 1 reg. (17 germ. an II-17 flor. an III).

Correspondance générale. — 3 reg. (17 nov. 1790-vend. an III).

Requêtes et pétitions. — Enregistrement des demandes adressées à l'administration du district, 1 reg. (1792-an V).

Avis du directoire du district sur les demandes des municipalités et des particuliers; délibérés du département; 5 reg. (1790-an III).

Élections. — Prix des journées de travail, 1 liasse (an II-an IV).

Liste des citoyens actifs et éligibles au 1 avril 1790, 1 liasse.

Assemblées primaires; assemblées électorales; 2 liasses (1790-1791).

Renouvellement des municipalités, 2 liasses (1792-an VII).

Police administrative. — Certificats de résidence, 1 liasse (1790-1793).

Subsistances. — État des terres ensemencées pour la récolte de l'an IV, 1 liasse.

Produit des récoltes, 1 liasse (an III-an V).

Recensement et réquisitions de grains, farines et fourrages, 7 liasses (1793-an VI).

Réquisitions de porcs, 1 liasse (1793-an IV).

Approvisionnement des marchés. Maximum. 2 liasses (1792-an VIII).

Voir plus haut : délibérations et arrêtés du directoire du district.

Population. — 1 liasse (an III-an IV).

État civil. — État des registres de l'état civil, 1 liasse (an III-an IV).

Finances. — Comptes du receveur, 1 liasse (an II-an III).

Établissements supprimés : liquidation des créances, 2 liasses (1792-an VI).

Enregistrement des mandats délivrés par l'administration, 1 reg. (1792-an IV).

Impositions : demandes en décharge, 1 liasse (1789-1790).

Contributions directes, 4 liasses (1790-an VIII).

Contribution foncière : rôles; dégrèvements; décharges; 8 liasses (1791-an VIII).

Contributions personnelle, foncière et somptuaire, 6 liasses (1792-an VIII).

Patentes, 5 liasses (1791-an VIII).

Emprunt forcé. Contribution patriotique. 12 liasses (1790-an VIII).

Monnaie de cuivre. Cloches. Or; argent; fer. 2 liasses (1792-an VII).

Guerre et affaires militaires. — Correspondance; circulaires, 2 liasses (an III-an VII).

Célibataires; veufs sans enfants de 18 à 40 ans; 1 liasse (an II).

Recrutement. Levée en masse. Volontaires. 5 liasses (an II-an VIII).

Garde nationale, 1 liasse (1793-an VIII).

État des armes et des citoyens bons tireurs. Équipement, habillement, magasins. 2 liasses (an III-an VII).

Armement; poudres et salpêtres. 2 liasses (1793-an VII).

Subsistances militaires : grains et fourrages, 2 liasses (1793-an VIII).

Réquisitions de chevaux, voitures et fourrages. Levée extraordinaire de chevaux; procès-verbaux d'estimation. 1 liasse, 1 reg. (an IV–an VIII).

Désarmement, 1 liasse (an II–an IV).

Secours aux pays ravagés. Avis sur les demandes en indemnité pour pertes de bestiaux. 1 liasse (1792–an III).

Travaux publics. — Ponts et chaussées : correspondance, 1 liasse (1790–an VIII).

Travaux des routes; travaux de charité; 4 liasses (1792–an VIII).

Instruction publique, sciences et arts. — Écoles, 1 liasse (an II–an III).

Bibliothèques des établissements religieux (Baye, Montmirail, Sézanne), 1 liasse (1790–1793).

Justice. — Formation des jurys. Justices de paix. Frais de justice. 1 liasse (1790–an V).

Culte. — Traitements et pensions ecclésiastiques, 2 liasses, 3 reg. (1791–1793).

Congrégations religieuses. Fabriques. 9 liasses (1790–an VIII).

Églises et presbytères : travaux, 1 liasse (1793–an VIII).

Serments des fonctionnaires publics, 1 liasse (1792–an X).

Assistance publique. — Enfants trouvés, 1 liasse (1790–1799).

Pertes et secours. Défenseurs de la patrie. 2 liasses (1791–an VI).

Hospices et hôpitaux (Montmirail, Sézanne), 1 liasse (an II–an VIII).

Établissements de répression. — Prisons de Sézanne: détenus, 2 liasses (1791–an VIII).

Vitry-le-François [Vitry-sur-Marne].

Lois et décrets. — Enregistrement des lois, 1 reg. (an II–vend. an IV).

Certificats de consignation et d'envoi des lois aux municipalités, 1 liasse (an II–an IV).

Arrêtés de l'administration départementale (conseil et directoire). — 1 liasse (1790–1791).

Délibérations et arrêtés du directoire du district. — 1 reg. (9 mess. an II–30 brum. an IV).

Correspondance générale. — 1 liasse (1793–an III).

Pétitions et requêtes. — Mémoires et requêtes présentés au directoire; avis du directoire du district et délibérés du département; 7 reg. (1790–brum. an IV).

Élections. — Liste des citoyens actifs et éligibles au 1 avril 1790, 1 liasse.

Assemblées primaires; assemblées électorales. 2 liasses (1790–an III).

Renouvellement des municipalités, 1 liasse (1791–an VI).

Subsistances. — État des terres ensemencées pour les récoltes des ans III et IV, 1 liasse.

Recensement et réquisitions de grains et fourrages. Réquisitions de porcs. 3 liasses (1792–an VII).

Subsistances. Approvisionnement des marchés. Maximum. 1 liasse (1793–an VII).

Population. — 1 liasse (an III–an V).

État civil. — État des registres de l'état civil, 1 liasse (an III–an IV).

Finances. — Établissements supprimés : liquidation des créances, 2 liasses (1792–an VII).

Impositions : demandes en décharge, 1 liasse (1789–1790).

Contribution foncière : rôles; dégrèvements; décharges. 5 liasses (an II–an VIII).

Contributions personnelle, mobilière et somptuaire, 6 liasses (1792–an VIII).

Patentes, 5 liasses (1791–an VIII).

Contribution patriotique. Emprunt forcé. 8 liasses (1790–an VIII).

Monnaie de cuivre. Cloches. Or; argent; fer. 2 liasses (1791–an VI).

Guerre et affaires militaires. — Correspondance; circulaires. 1 liasse (an II–an IV).

Recrutement. Levée en masse. Volontaires. 5 liasses (an II–an VIII).

Garde nationale, 1 liasse (1793–an VIII).

Équipement; habillement; magasins. Armement; poudres et salpêtres. 3 liasses (1793–an VIII).

Avances aux communes pour la fabrication du salpêtre, 1 reg. (an II–an IV).

Désarmement, 1 liasse (1793–an IV).

Subsistances militaires : grains et fourrages, 2 liasses (1793–an VIII).

Réquisitions de chevaux, voitures, fourrages. Levée extraordinaire de chevaux; procès-verbaux d'estimation. 2 liasses, 1 reg. (an IV–an VIII).

Secours aux pays ravagés par la guerre, 1 liasse (1792).

Travaux publics. — Ponts et chaussées : correspondance, 1 liasse (1793–an VIII).

Travaux des routes; travaux de charité. 6 liasses (1790–an VIII).

Instruction publique, sciences et arts. — Bibliothèques des établissements religieux (Cheminon, Huiron, Vitry-en-Perthois, Troisfontaines), 1 liasse (1790–1793).

Justice. — Formation des jurys. Justices de paix. Frais de justice. 1 liasse (1790–an V).

Culte. — Traitements et pensions ecclésiastiques, 1 liasse, 3 reg. (1790–an VIII).

Congrégations religieuses. Fabriques. 8 liasses (1790–an VIII).

Églises et presbytères, 1 liasse (1790–an VIII).

Serments des fonctionnaires publics, 1 liasse (1791–an X).

Assistance publique. — Enfants trouvés, 2 liasses (1793–an VI).

Pertes et secours. Secours aux parents des défenseurs de la patrie. 2 liasses (1791–an VI).

Hospices et hôpitaux (Arzillières, Vitry), 1 liasse (1791–an VII).

Établissements de répression. — Prisons de Vitry : détenus, 1 liasse (1791–an IX).

CANTONS.

Les dates, indiquées dans cette partie de l'état, qui sont, soit antérieures à la création des administrations cantonales, soit postérieures à leur suppression, visent des documents de caractère communal.

Anglure. — Délibérations, 3 reg. (1 frim. an IV–15 germ. an VIII).

Contribution foncière, 1 liasse (an IV).

Aubérive. — Contribution foncière, 1 liasse (an IV).

Auve. — Délibérations, 1 reg. (1 frim. an IV–21 fruct. an VI).

Avize. — Délibérations, 1 reg. (16 niv. an IV–5 niv. an VIII).

Contribution foncière, 1 liasse (an IV).

Ay. — Contribution foncière, 1 liasse (an IV).

Barbonne. — Correspondance du commissaire du Directoire exécutif, 1 reg. (1 niv. an V–27 vent. an VII).

Liste des habitants des deux sexes âgés de plus de 12 ans, 1 liasse (an VI).

Contribution foncière, 1 liasse (an IV).

Bassuet. — Délibérations, 1 reg. (1 frim. an IV–9 flor. an VIII).

Liste des habitants des deux sexes âgés de plus de 12 ans, 1 liasse (an IV).

Contributions directes, 1 liasse (an VII–an VIII).

Baye. — Délibérations, 1 reg. (27 brum. an IV–24 vent. an VII).

Beaumont-sur-Vesle. — Liste des habitants des deux sexes âgés de plus de 12 ans, 1 liasse (an VI).

Contribution foncière, 1 liasse (an IV).

Bourgogne. — Contribution foncière, 1 liasse (an IV).

Cernon. — Enregistrement des lois, 1 reg. (an VI–an VIII).

Délibérations, 1 reg. (15 therm. an VI–30 germ. an VIII).

Correspondance, 1 reg. (an VI–an VIII).

Contributions directes. Patentes. 2 liasses (an VII–an VIII).

Tableau des conscrits; enrôlements; réquisitionnaires; 1 liasse (an VI–an VIII).

Châlons (extra muros). — Enregistrement des lois, 1 reg. (an IV–an VII).

Délibérations, 1 reg. (20 brum. an IV–16 germ. an VIII).

Registre d'ordre (an IV).

Pétitions, 1 reg. (30 brum. an IV–18 niv. an VIII).

Administration générale; correspondance. 2 liasses (an II–an VIII).

Personnel administratif, 1 liasse (an IV–an VIII).

Enregistrement des certificats de résidence. Passeports. 2 reg. (22 frim. an IV–8 germ. an VIII).

Subsistances; grains; réquisitions. 1 liasse (an II–an VIII).

Liste des citoyens ayant 21 ans, payant une contribution foncière ou personnelle ou qui ont fait une ou plusieurs campagnes, 1 reg. (an IV).

Contribution foncière : décharges, réclamations; minutes et rôles des contributions directes, foncière, personnelle, mobilière et somptuaire; 2 liasses (an IV–an VIII).

Tableau des citoyens des deux sexes âgés de plus de 12 ans, 1 reg. (an IV).

Congés ou dispenses accordés aux militaires; secours aux défenseurs de la patrie; 1 liasse (an II–an VIII).

Charmont. — Délibérations, 3 reg. (29 brum. an IV–29 germ. an VIII).

Contributions; emprunt forcé; 1 liasse (an IV–an VIII).

Châtillon-sur-Marne [Montagne-sur-Marne]. — Contribution foncière, 1 liasse (an IV).

Cloyes. — Délibérations, 2 reg. (22 frim. an IV–30 germ. an VIII).
Contribution foncière, 1 liasse (an IV).

Cormicy. — Contribution foncière, 1 liasse (an IV).

Courdemanges. — Délibérations, 1 reg. (1 frim. an IV–10 flor. an VIII).

Courgivaux. — Délibérations, 1 reg. (3 frim. an IV–30 germ. an VIII).

Courtisols. — Enregistrement des lois, 1 reg. (an IV–an VIII).
Délibérations, 2 reg. (21 brum. an IV–16 germ. an VIII).
Fêtes nationales et décadaires, 1 reg. (an VII–an VIII).
Enregistrement des passeports, 1 reg. (an IV–an VIII).
Réquisitions de fourrages; certificats de recettes du garde-magasin; 1 liasse (an V).
Liste des habitants des deux sexes âgés de plus de 12 ans, 1 liasse (an IV–an VII).
Patentes, 2 reg. (an VII–an VIII).
Contribution patriotique. Pensions ecclésiastiques. Secours; pertes. 1 liasse (an IV–an VIII).

Damery. — Délibérations, 1 reg. (an IV–pluv. an VII).

Dormans. — Délibérations, 2 reg. (16 brum. an IV–28 prair. an VII).

Épernay. — Correspondance. Contribution foncière. 1 liasse (an IV–an VIII).

Esternay. — Pétitions, 1 reg. (vend. an VI–niv. an VI).

Étrepy. — Délibérations, 1 reg. (20 mess. an VI–21 germ. an VIII).
Contribution foncière, 1 liasse (an IV).

Faverolles. — Contribution foncière, 1 liasse (an IV).

Fère-Champenoise. — Délibérations, 1 reg. (23 frim. an IV–20 pluv. an VIII).
Contribution foncière, 1 liasse (an IV).

Fismes. — Contribution foncière, 1 liasse (an IV).

Giffaumont. — Délibérations, 1 reg. (an V–an VIII).
Contribution foncière, 1 liasse (an IV).

Gueux. — Contribution foncière, 1 liasse (an IV).

Hauteville. — Délibérations, 1 reg. (27 brum. an IV–12 germ. an VIII).
Contribution foncière, 1 liasse (an IV).

Hautvillers. — Contribution foncière, 1 liasse (an IV).

Heiltz-le-Maurupt. — Délibérations, 1 reg. (an V–an VIII).

Jâlons. — Enregistrement des lois, 3 reg. (an IV–an VIII).
Délibérations, 4 reg. (11 frim. an IV–30 germ. an VIII).
Correspondance : lettres des ministres de la guerre, de la police générale, du département. 1 liasse, 3 reg. (2 frim. an IV–25 germ. an VIII).
Pétitions, 1 reg. (an IV–an VII).
Enregistrement des passeports, 1 reg. (an IV–an VI).
État civil. Inscription civique. 1 liasse, 1 reg. (an VII–an VIII).
Contributions directes et foncière. Patentes. 1 liasse, 1 reg. (an IV–an VIII).
Contributions (dégrèvements) et emprunt forcé, 1 liasse (an IV–an VII).
Conscription, 1 liasse (an VII).
Écoles, 1 reg. (an VII).

Juvigny. — Enregistrement des lois, 1 reg. (12 brum. an IV–7 therm. an V).
Délibérations, 3 reg. (24 brum. an IV–15 brum. an VIII).
Pétitions et requêtes, 1 reg. (an IV–an VIII).
Administration, 3 liasses (1790–an VIII).
Contributions directes, 1 liasse (an III–an VIII).
Conscription; garde nationale; gendarmerie; 1 liasse (an IV–an VIII).
Réquisitions de chevaux, voitures, grains, fourrages, 1 liasse (an IV–an VIII).
Bienfaisance nationale : section des artisans; vieillards; infirmes (loi du 22 floréal an II); section des mères ou veuves ayant des enfants (loi du 22 floréal an II). 2 reg.

La Neuville-au-Pont [Pont-sur-Aisne]. — Délibérations, 2 reg. (29 brum. an IV–27 germ. an VIII).
Enregistrement des passeports, 1 reg. (an IV–an VII).

Lignon. — Délibérations, 1 reg. (16 brum. an IV–9 flor. an VIII).
Liste des habitants des deux sexes âgés de plus de 12 ans, 1 liasse (an VI).

Loisy-sur-Marne. — Délibérations, 1 reg. (17 prair. an V–9 flor. an VIII).
Contributions, 1 liasse (an VII–an VIII).

Marcilly. — Délibérations, 1 reg. (16 vent. an IV–25 mess. an VII).
Contribution foncière, 1 liasse (an IV).

Montmirail. — Délibérations, 1 reg. (3 germ. an VI–8 flor. an VIII).
Contribution foncière, 1 liasse (an IV).

Montmort. — Délibérations, 1 reg. (1 brum. an VI–14 vend. an VII).

Orbais. — Délibérations, 2 reg. (20 mess. an VI-23 pluv. an VIII).
Administration, 1 liasse (1790-an VI).

Passavant [Mont-sur-Aisne]. — Délibérations, 1 reg. (6 mess. an VI-1 flor. an VIII).
Pétitions : avis de l'administration cantonale et arrêtés du département, 1 reg. (an IV-an VII).
Contribution foncière, 1 liasse (an IV).

Pleurs. — Délibérations, 1 reg. (16 brum. an IV-17 flor. an VII).
Contribution foncière, 1 liasse (an IV).

Pogny. — Lois, décrets; lettres ministérielles; arrêtés de l'administration centrale du département. 1 liasse (an IV-an VIII).
Enregistrement des lois, 2 reg. (an IV-an VII).
Délibérations, 1 reg. (16 brum. an IV-4 flor. an VIII).
Correspondance, 1 reg. (1 pluv. an IV-29 germ. an VIII).
Police générale. Passeports. 1 liasse, 1 reg. (an III-an VIII).
Population; inscription civique; 2 reg (an IV).
Contributions; patentes; 5 liasses, 3 reg. (1792-an VIII).
Conscription; réquisitions; défenseurs de la patrie; 1 liasse (an IV-an VIII).
Subsistances militaires, 1 liasse (an IV-an VIII).
Secours aux indigents; affaires diverses; 1 liasse.

Saint-Amand [Montfion, Amand-sur-Fion, Amand-Libre]. — Délibérations, 4 reg. (10 prair. an IV-29 pluv. an VIII).

Saint-Brice [Liberté-sur-Vesle, Monttinqueux]. — Contribution foncière, 3 liasses (an IV).

Saint-Just [Justenval]. — Contribution foncière, 1 liasse (an IV).

Saint-Mard-sur-le-Mont [Mard-sur-le-Mont, Montvierre]. — Délibérations, 1 reg. (16 brum. an IV-11 fruct. an VI).

Saint-Ouen [Ormont, Vinon-sur-Oiselet ou Union-sur-Oiselet]. — Délibérations, 1 reg. (16 frim. an III-27 germ. an VIII).
Contributions, 2 liasses (an IV-an VIII).

Saint-Remy-en-Bouzemont [Bouzemont, La Fraternité]. — Délibérations, 1 reg. (1 frim. an IV-5 vend. an VII).
Contribution foncière. Emprunt forcé. 1 liasse (an IV-an VIII).

Saint-Thierry [Mont-d'Or]. — Contribution foncière, 1 liasse (an IV).

Sermaize. — Délibérations, 3 reg. (6 niv. an IV-1 flor. an VIII).
Contribution foncière, 1 liasse (an IV).

Sézanne. — Enregistrement des lois, 1 reg. (1793-an VIII).
Délibérations, 2 reg. (24 brum. an IV-5 vent. an VII).
Contribution foncière, 1 liasse (an IV).

Sommepy. — Délibérations, 1 reg. (5 frim. an IV-4 flor. an VIII).
Contribution foncière, 1 liasse (an IV).

Soudé-Sainte-Croix ou **Soudé-le-Grand** [Soudé-le-Grand]. — Délibérations, 2 reg. (28 brum. an IV-30 germ. an VIII).
Contribution foncière, 1 liasse (an IV).

Suippes. — Enregistrement des lois, 1 reg. (an IV-an VIII).
Délibérations, 1 reg. (26 brum. an IV-2 flor. an VIII).
Mémoires et requêtes, 1 reg. (1 frim. an IV-2 flor. an VIII).
Administration, 2 liasses (an IV-an VIII).
État civil, 1 liasse (an VII-an VIII).
Contribution foncière; taxes de guerre; emprunt forcé; 2 liasses (an IV-an VIII).
Conscription; convois; réquisitions; enrôlements; congés; 7 liasses (an IV-an VIII).
Gendarmerie; garde nationale; armement; 1 liasse (an III-an VIII).

Thiéblemont. — Délibérations, 1 reg. (3 fruct. an V-an VII).
Contribution foncière, 1 liasse (an IV).
Garde nationale, 1 liasse (an IV-an VI).

Vanault-les-Dames [Vano-les-Frères]. — Délibérations, 1 reg. (16 brum. an IV-29 germ. an VIII).
Contribution foncière, 1 liasse (an IV).

Verrières. — Délibérations, 1 reg. (3 frim. an IV-1 flor. an VIII).

Vertus. — Délibérations, 1 reg. (27 brum. an IV-9 mess. an VII).
Pétitions, 1 reg. (an IV-an VIII).
Contribution foncière, 1 liasse (an IV).

Vienne-le-Château [Vienne-sur-Biesme, Vienne-le-Bourg]. — Délibérations, 1 reg. (19 flor. an IV-23 therm. an V).
Correspondance avec les agents municipaux du canton, 1 reg. (25 vent. an IV-28 vent. an V).
Contribution foncière, 1 liasse (an IV).

Ville-en-Tardenois. — Contribution foncière, 1 liasse (an IV).

Ville-sur-Tourbe [Val-sur-Tourbe]. — Délibérations, 1 reg. (21 niv. an V–an VII).

Vitry-en-Perthois [Vitry-sur-Saulx]. — Délibérations, 1 reg. (17 brum. an IV–9 vend. an VIII).
Contribution foncière, 1 liasse (an IV).

FONDS DIVERS.

COMITÉS DE SURVEILLANCE.

Ablancourt. — Délibérations, 1 cah. (15 niv. an II–20 fruct. an II).

Ablois. — Délibérations, 1 cah. (23 brum. an II–27 vend. an III).
Pièces diverses, 3 p. (an II).

Aigny. — Délibérations, 1 cah. (1 nov. 1793–7 fruct. an II).

Allemant. — Délibérations, 1 cah. (23 brum. an II–10 vend. an III).

Alliancelles. — Délibérations, 1 cah. (21 niv. an II–7 fruct. an II).

Ambonnay. — Enregistrement des lois et décrets.
Délibérations. 1 reg. (18 brum. an II–6 brum. an III).
Pièces diverses, 11 p. (an II).

Ambrières. — Délibérations, 1 cah. (25 frim. an II–8 flor. an II).

Anglure. — Délibérations, 1 cah. (9 brum. an II–1 vend. an III).

Aougny. — 4 p. (an II).

Arzillières. — Délibérations, 1 reg. (4 déc. 1793–7 vend. an III).
Pièces diverses, 1 p. (an II).

Athis. — 1 p. (an II).

Aulnay-l'Aître. — Délibérations, 1 cah. (23 prair. an II).

Aulnay-sur-Marne. — Délibérations, 1 reg. (20 brum. an II–22 therm. an II).

Auve. — Délibérations, 1 cah. (24 brum. an II–23 niv. an II).

Avenay. — Délibérations, 1 reg. (12 brum. an II–6 brum. an III).
Pièces diverses, 7 p. (an II).

Avize. — Délibérations, 1 reg. (4 brum. an II–5 brum. an III).
Pièces diverses, 46 p. (an II).

Ay. — Enregistrement des lois et décrets, 1 cah.
Délibérations, 1 reg. (12 brum. an II–27 fruct. an II).
Pièces diverses, 1 liasse (an II).

Bagneux. — Délibérations, 1 reg. (1 nov. 1793–7 fruct. an II).

Barbonne. — Délibérations, 1 cah. (26 juin 1793–15 fruct. an II).

Bassuet. — Délibérations, 1 cah. (25 brum. an II–23 vend. an III).

Baye. — Délibérations, 1 cah. (30 vend. an II–5 vend. an III).

Beaunay. — Délibérations, 1 cah. (30 frim. an II–30 fruct. an II).

Belval-sous-Châtillon. — 3 p. (an II).

Bergères-lez-Vertus [Mont-Aimé]. — Délibérations, 1 cah. (28 nov. 1793–16 therm. an II).

Berru. — 7 p. (1793–an II).

Bétheniville. — 5 p. (an II).

Bethon. — Délibérations, 1 reg. (1 brum. an II–30 fruct. an II).

Bettancourt. — Délibérations, 1 cah. (6 frim. an II–30 therm. an II).

Bignicourt-sur-Saulx. — Délibérations, 1 cah. (15 niv. an II–10 fruct. an II).

Binarville. — Délibérations, 1 cah. (13 oct. 1793–28 fruct. an II).

Bisseuil. — Délibérations, 1 reg. (4 nov. 1793–16 flor. an II).
Pièces diverses, 6 p. (an II).

Blacy. — Délibérations, 1 cah. (15 brum. an II–30 fruct. an II).
Pièces diverses, 3 p. (an II).

Blesmes. — Délibérations, 1 cah. (7 frim. an II–30 mess. an II).

Boult-sur-Suippe. — 7 p. (an II).

Boursault. — Délibérations, 1 cah. (9 niv. an II–1 fruct. an II).

Bouy. — 1 p. (an III).

Bouzy. — Enregistrement des lois, 1 cah. (an II).
Délibérations, 1 cah. (26 vent. an II–30 therm. an II).

Braux-Saint-Remy [Braux-Cérès, Brauxval, Braux-Val-Cérès]. — Délibérations, 1 cah. (19 brum. an II–22 flor. an II).

Brébant. — Délibérations, 1 cah. (27 brum. an II–28 mess. an II).

Broyes. — Délibérations, 1 reg. (16 juin 1793–19 fruct. an II).

Brugny. — Délibérations, 1 cah. (an II).

Bussy-aux-Bois. — Délibérations, 1 cah. (5 niv. an II–10 therm. an II).

Bussy-le-Château [Bussy-les-Mottes]. — Délibérations, 1 cah. (9 brum. an II–7 fruct. an II).

Bussy-Lettrée. — Délibérations, 1 cah. (24 nov. 1793–20 therm. an II).
Pièces diverses, 3 p. (an II).

Cernay-lez-Reims. — 9 p. (an II).

Cernon. — Délibérations, 1 cah. (11 vent. an II–10 therm. an II).

Châlons-sur-Marne. — Section de la République :
Délibérations, 3 reg. (11 oct. 1793–20 vent. an III).
Correspondance, 1 reg. (1 flor. an II–19 prair. an II).
Certificats de civisme, 2 reg. (17 oct. 1793–3 niv. an III).
Déclarations d'étrangers; liste des personnes astreintes à se présenter au comité; 1 reg. (19 prair. an II–25 pluv. an II).
Section de la Liberté : délibérations, 2 reg. (6 octobre 1793–19 prair. an II); déclarations d'étrangers, 1 reg. (23 juin 1793–19 prair. an II).
Section de l'Égalité : délibérations, 2 reg. (6 oct. 1793–19 prair. an II); correspondance, 1 reg. (15 vent. an II–19 prair. an II); certificats de civisme, 1 reg. (27 vend. an II–19 prair. an II); déclarations d'étrangers, 1 reg. (23 juin 1793–19 prair. an II).
Section de la Fraternité : délibérations, 1 reg. (19 vend. an II–19 prair. an II); déclarations d'étrangers, 1 reg. (23 juin 1793–19 prair. an II).

Chaltrait. — Enregistrement des lois et décrets. Délibérations. 1 cah. (2 frim. an II–15 pluv. an II).

Champagne. — 2 p. (an II).

Champaubert-aux-Bois. — Délibérations, 1 cah. (an II).

Champaubert (auj. Champaubert-la-Bataille). — Délibérations, 1 reg. (14 frim. an II–2 flor. an II).

Champguyon. — Délibérations, 1 cah. (brum. an II–30 fruct. an II).

Champigneul. — Délibérations, 1 reg. (20 oct. 1793–22 vend. an III).

Champillon. — Enregistrement des lois et décrets, 1 cah.
Délibérations, 1 cah. (frim. an II–30 therm. an II).

Champvoisy. — 4 p. (an II).

Changy. — Délibérations, 1 reg. (7 brum. an II–8 vend. an III).
Pièces diverses, 8 p. (an II).

Chantemerle. — Délibérations, 1 cah. (29 juin 1790–20 fruct. an II).

Chapelaine. — Délibérations, 1 cah. (11 niv. an II–20 mess. an II).

Charmont. — Délibérations, 1 cah. (20 frim. an II–30 therm. an II).
Déclarations d'étrangers, 1 cah. (an II).

Chatelraould. — Délibérations, 1 reg. (2 niv. an II–30 therm. an II).
Pièces diverses, 5 p. (an II).

Châtillon-sur-Broué. — Délibérations, 1 cah. (1 vent. an II–20 therm. an II).

Châtillon-sur-Marne [Montagne-sur-Marne]. — 27 p. (an II–an III).

Chaudefontaine. — Délibérations, 1 cah. (11 frim. an II–30 therm. an II).

Cheminon. — 2 p. (an II).

Cheniers. — Délibérations, 1 cah. (6 niv. an II–2 fruct. an II).

Cherville. — Enregistrement des lois et décrets. Délibérations. 1 cah. (20 frim. an II–3 brum. an III).

Chouilly. — Délibérations, 1 reg. (1 brum. an II–7 brum. an III).

Clamanges. — Délibérations, 1 cah. (20 sept. 1793–3 fruct. an II).

Clesles. — Délibérations, 1 reg. (9 niv. an II–10 vend. an III).

Coligny. — Délibérations, 1 cah. (12 frim. an II–20 mess. an II).

Comblizy. — 2 p. (1793–an II).

Condé-sur-Marne [Montagne-sur-Marne]. — Lois et décrets, 1 cah. (an II).
Délibérations, 1 cah. (13 frim. an II–29 fruct. an II).
Pièces diverses, 7 p. (an II).

Congy. — Délibérations, 1 cah. (17 brum. an II–7 vend. an III).
Enregistrement des passeports, 1 cah.

Coole. — Délibérations, 1 reg. (27 pluv. an II–10 fruct. an II).
Pièces diverses, 2 p. (an II).

Coolus. — 2 p. (an II–an III).

Corbeil. — Délibérations, 1 cah. (an II).

Cormicy. — 9 p. (an II).

Cormoyeux. — Délibérations, 2 cah. (20 oct. 1793–16 vend. an III).
Pièces diverses, 25 p. (an II–an III).

Coupetz. — Enregistrement des lois, 1 cah.

Coupéville. — Délibérations, 1 reg. (17 niv. an II–2 vent. an II).

Courdemanges. — Délibérations, 1 cah. (1 frim. an II–26 mess. an II).

Courtémont. — Délibérations, 1 reg. (4 frim. an II–7 fruct. an II).

Courthiézy. — Enregistrement des lois et décrets, 1 cah.

Courtisols. — 8 p. (an II–an III).

Couvrot. — Délibérations, 1 cah. (7 niv. an II–4 mess. an II).

Cramant. — Délibérations, 1 cah. (12 niv. an II–3 brum. an III).

Cuchery. — 2 p. (an II).

Cuis. — Enregistrement des lois et décrets. Délibérations. 1 cah. (12 nov. 1793–20 prair. an II).

Cuisles. — 2 p. (an II).

Cumières. — Enregistrement des lois et décrets, 1 cah.
Délibérations, 1 cah. (3 brum. an II–20 vend. an III).
Pièces diverses, 35 p. (1793–an III).

Cuperly. — Délibérations, 1 cah. (24 niv. an II–30 mess. an II).
Pièces diverses, 5 p. (an II–an III).

Damery. — Enregistrement des lois et décrets, 1 cah.
Délibérations, 1 reg. (5 frim. an II–11 fruct. an II).
Pièces diverses, 1 liasse (an II–an III).

Daucourt. — Délibérations, 1 cah. (13 oct. 1793–20 brum. an III).

Dizy. — 6 p. (an II).

Dommartin-Lettrée. — Délibérations, 1 cah. (30 prair. an II–10 fruct. an II).

Dommartin-sur-Yèvre. — Lois. Délibérations. 1 cah. (an II).

Dormans. — Délibérations, 1 cah. (23 sept. 1793–21 fruct. an II).
Pièces diverses, 1 liasse (an II–an III).

Doucey. — Délibérations, 1 reg. (27 niv. an II–10 therm. an II).

Drouilly. — 1 p. (an II).

Écriennes. — Délibérations, 1 cah. (12 mess. an II–30 therm. an II).

Écury-sur-Coole. — 1 p. (an III).

Épense. — Enregistrement des lois et décrets, 1 cah.
Délibérations, 1 cah. (13 oct. 1793–30 therm. an II).

Épernay. — Délibérations, 2 reg. (29 mai 1793–24 vent. an III).
Affaires diverses, 2 liasses (1793–an III).

Esclavolles. — Délibérations, 1 cah. (13 brum. an II–15 pluv. an II).

Étoges. — Délibérations, 1 cah. (6 frim. an II–9 vend. an III).

Étrechy. — Délibérations, 1 cah. (13 frim. an II–10 vend. an III).

Étrepy. — Délibérations, 1 cah. (29 frim. an II–20 fruct. an II).

Fagnières. — Délibérations, 1 cah. (6 niv. an II–13 mess. an II).

Faux-Freshay. — 1 p. (an II).

Faux-sur-Coole. — Délibérations, 1 cah. (20 mess. an II–20 therm. an II).

Férebrianges. — Délibérations, 1 cah. (3 germ. an II–18 vent. an II).

Fère-Champenoise. — Délibérations, 2 cah. (10 brum. an II–21 fruct. an II).
Pièces diverses, 35 p. (an II–an III).

Festigny. — 1 p. (an II).

Flavigny. — Délibérations, 1 cah. (29 oct. 1793–30 niv. an II).

Fleury-la-Rivière. — Délibérations, 2 cah. (27 brum. an II–21 therm. an II).
Pièces diverses, 32 p. (an II–an III).

Florent. — Délibérations, 1 cah. (25 vend. an II–1 fruct. an II).

Fontaine-sur-Coole. — Enregistrement des lois et décrets. Délibérations. 1 cah. (18 frim. an II–therm. an II).

Frignicourt. — Délibérations, 1 cah. (1 frim. an II–30 fruct. an II).

Fromentières. — Délibérations, 1 cah. (3 frim. an II–30 fruct. an II).

Gaye. — Délibérations, 1 cah. (28 oct. 1793–20 flor. an II).

Germaine. — Délibérations, 1 cah. (20 niv. an II–25 fruct. an II).

Giffaumont. — Délibérations, 1 cah. (18 frim. an II–4 fruct. an II).

Gigny-aux-Bois. — Délibérations, 1 cah. (1793).

Givry-en-Argonne. — Délibérations, 1 reg. (27 brum. an II–30 fruct. an II).
Pièces diverses, 25 p. (1793–an III).

Givry-lez-Loisy. — Délibérations, 1 cah. (26 nov. 1793–10 therm. an II).

Glannes. — Délibérations, 1 reg. (13 niv. an II–30 therm. an II).

Granges. — Délibérations, 1 cah. (20 frim. an II–20 fruct. an II).

Grauves. — Enregistrement des lois et décrets. Délibérations. 1 cah. (1 frim. an II–15 flor. an II).
Pièces diverses, 9 p. (1793–an III).

Gueux. — 24 p. (an II–an III).

Hans. — Délibérations, 1 reg. (6 oct. 1793–27 fruct. an II).

Hauteville. — Délibérations, 1 cah. (7 niv. an II–10 prair. an II).

Hautvillers. — Délibérations, 1 reg. (12 brum. an II–10 fruct. an II).
Pièces diverses, 11 p. (an II–an III).

Heiltz-le-Maurupt. — Délibérations, 1 cah. (26 mai 1793–12 therm. an II).

Heiltz-l'Évêque [Heiltz-Libre]. — Délibérations, 1 cah. (8 frim. an II–20 therm. an II).

Huiron. — Délibérations, 1 reg. (28 niv. an II–30 therm. an II).

Igny-le-Jard. — Délibérations, 1 cah. (14 oct. 1793–30 therm. an II).

Isle-sur-Marne. — Délibérations, 1 cah. (13 frim. an II–1 flor. an II).

Isson. — Délibérations, 1 cah. (16 frim. an II–30 therm. an II).

Jâlons. — Enregistrement des lois et décrets. Délibérations. 1 cah. (30 brum. an II–20 fruct. an II).

Janvilliers. — Délibérations, 1 cah. (7 pluv. an II–19 vent. an II).

Jonchery-sur-Suippe. — Délibérations, 1 reg. (24 oct. 1793–16 vend. an III).

Jonchery-sur-Vesle. — 2 p. (an II).

Jussecourt. — Délibérations, 1 cah. (20 frim. an II–23 therm. an II).

Juvigny. — Délibérations, 1 cah. (10 prair. an II–24 flor. an II).
Pièces diverses, 13 p. (an II–an III).

La Chapelle-Lasson. — Délibérations, 1 cah. (28 frim. an II–7 flor. an II).

La Chapelle-sous-Orbais [Luceval]. — Délibérations, 1 cah. (8 frim. an II–24 niv. an II).

La Chaussée. — Délibérations, 2 cah. (6 brum. an II–30 fruct. an II).

Lagery. — 7 p. (an II).

Landricourt. — Délibérations, 1 cah. (9 niv. an II–9 vend. an III).

La Neuville-au-Pont [Pont-sur-Aisne]. — Délibérations, 1 cah. (6 oct. 1793–14 fruct. an II).

La Noue. — Délibérations, 1 cah. (20 frim. an II–30 fruct. an II).

Larzicourt. — 3 p. (an II).

La Veuve. — Délibérations, 1 cah. (3 juin 1793–10 mess. an II).

Le Baizil. — 3 p. (an II).

Le Meix-Saint-Époing. — Délibérations, 1 cah. (10 brum. an II–30 fruct. an II).

Le Mesnil. — Délibérations, 1 reg. (26 brum. an II–1 fruct. an II).

L'Épine. — Délibérations, 1 cah. (28 brum. an II–10 fruct. an II).

Leuvrigny. — Délibérations, 1 cah. (1793–28 therm. an II).

Le Vieil-Dampierre. — Délibérations, 1 cah. (3 frim. an II–25 mess. an II).

Les Essarts-lez-Sézanne. — Délibérations, 1 cah. (10 vent. an II–10 fruct. an II).

Les Grandes-Côtes. — Délibérations, 1 reg. (20 germ. an II–11 mess. an II).

Les Grandes-Loges. — Délibérations, 1 cah. (7 brum. an II–30 fruct. an II).

Les Rivières. — Délibérations, 1 cah. (19 frim. an II–30 flor. an II).

Lisse. — Délibérations, 1 cah. (15 frim. an II–20 therm. an II).

Livry. — Délibérations, 1 cah. (28 frim. an II–10 fruct. an II).

Loisy-en-Brie. — Enregistrement des lois et décrets. Délibérations. 1 cah. (24 nov. 1793–10 vend. an III).
Pièces diverses, 24 p. (an II–an III).

Loisy-sur-Marne. — Délibérations, 1 reg. (14 frim. an II–30 therm. an II).

Louvercy. — Délibérations, 1 cah. (13 frim. an II–1 germ. an II).

Louvois. — Enregistrement des lois et décrets, 1 cah.
Délibérations, 1 cah. (13 brum. an II–5 fruct. an II).
Pièces diverses, 3 p. (an II).

Mairy-sur-Marne. — Délibérations, 1 cah. (7 nov. 1793–27 therm. an II).

Maisons-en-Champagne. — Délibérations, 1 cah. (16 niv. an II–30 therm. an II).

Mancy. — Délibérations, 1 reg. (23 frim. an II–10 mess. an II).

Marcilly-sur-Seine. — Lois et décrets. Délibérations. 1 cah. (2 niv. an II–4 vend. an III).

Mardeuil. — Délibérations, 1 reg. (9 juin 1793–17 vend. an III).
Pièces diverses, 3 p. (an II).

Mareuil-en-Brie. — 3 p. (an II).

Mareuil-le-Port. — 1 p. (an II).

Mareuil-sur-Ay. — Délibérations. Déclarations d'étrangers. 1 reg. (6 oct. 1793–5 brum. an III).

Marolles. — Délibérations, 1 cah. (13 pluv. an II–10 fruct. an II).

Matougues. — Délibérations, 2 reg. (6 frim. an II–10 vend. an III).

Maurupt. — Délibérations, 1 cah. (10 frim. an II–1 fruct. an II).

Merlaut. — Délibérations, 1 cah. (2 frim. an II–20 therm. an II).

Minecourt. — Délibérations, 2 cah. (21 frim. an II–10 fruct. an II).

Moiremont. — Délibérations, 1 reg. (22 mai 1793–30 therm. an II).
Pièces diverses, 2 p. (an II).

Moncetz-l'Abbaye. — Délibérations, 1 cah. (2 vent. an II–4 mess. an II).

Montgenost. — Délibérations, 1 cah. (14 frim. an II–30 therm. an II).

Monthelon. — Enregistrement des lois et décrets, 1 cah.
Délibérations, 1 cah. (8 juin 1793–1 niv. an III).

Montmirail. — Délibérations, 1 reg. (3 oct. 1793–13 vend. an III).
Pièces diverses, 32 p. (an II–an III).

Montmort. — Délibérations, 1 reg. (8 juin 1793–22 fruct. an II).
Pièces diverses, 18 p. (1793–an II).

Morangis. — Lois et décrets. Délibérations. 1 cah. (28 brum. an II–30 prair. an II).

Moslins. — Lois. Délibérations. 1 cah. (25 nov. 1793–4 mess. an II).

Mourmelon-le-Grand. — 5 p. (an II–an III).

Mourmelon-le-Petit. — Délibérations, 1 cah. (6 frim. an II–5 brum. an III).

Moussy. — Délibérations, 1 reg. (1 brum. an II–17 vend. an III).
Pièces diverses, 9 p. (an II–an III).

Nesle-le-Repons. — 3 p. (an II–an III).

Noirlieu. — Lois et décrets. Délibérations. 1 cah. (30 niv. an II–25 germ. an II).

Norrois. — Délibérations, 1 cah. (23 niv. an II–10 mess. an II).

Nuisement-sur-Coole. — 1 p. (an II).

Œuilly. — Lois et décrets, 1 cah.
Délibérations, 1 cah. (16 niv. an II–29 therm. an II).

Oger. — Délibérations, 1 reg. (1 brum. an II–7 fruct. an II).

Oiry. — 4 p. (an II).

Orconte. — Délibérations, 1 reg. (20 flor. an II–20 fruct. an II).

Outines. — Délibérations, 1 reg. (10 pluv. an II–30 therm. an II).

Outrepont. — Délibérations, 1 cah. (14 brum. an II–20 fruct. an II).

Pargny-sur-Saulx. — Délibérations, 1 cah. (9 niv. an II–20 fruct. an II).

Passavant [Mont-sur-Aisne]. — Lois et décrets. Délibérations. 1 reg. (6 oct. 1793–30 therm. an II).

Passy-Grigny. — 2 p. (an II).

Péas. — Délibérations, 1 cah. (23 niv. an II–19 pluv. an II).

Pierry. — 10 p. (an II–an III).

Pleurs. — Délibérations, 1 cah. (24 brum. an II–30 mess. an II).

Plichancourt. — Délibérations, 1 cah. (27 niv. an II–14 germ. an II).

Plivot. — 1 p. (an II).

Pocancy. — 1 p. (an II).

Pogny. — Délibérations, 1 reg. (4 frim. an II–11 vend. an III).

Poix. — 3 p. (an II).

Possesse. — Délibérations, 1 reg. (21 frim. an II–22 fruct. an II).

Potangis. — Délibérations, 1 cah. (9 brum. an II–10 fruct. an II).

Pringy. — Délibérations, 1 reg. (8 frim. an II–20 fruct. an II).
Pièces diverses, 2 p. (an II).

Recy. — Délibérations, 1 cah. (18 frim. an II–30 fruct. an II).
Pièces diverses, 1 p. (an II).

Reims. — 1 liasse (an II–an III).

Reuil. — 5 p. (an II).

Rieux. — 1 p. (an III).

Rilly-la-Montagne. — 3 p. (an II).

Rosay. — Délibérations, 1 cah. (7 pluv. an II–21 prair. an II).

Saint-Amand [Amand-sur-Fion, Amand-Libre, Montfion]. — Délibérations, 1 cah. (7 brum. an II–17 niv. an II).

Saint-Chéron [Chéron, Montchéron]. — 6 p. (an II–an III).

Sainte-Gemme [Montagron, Marinville-Libre]. — 1 p. (an II).

Sainte-Marie-à-Py [Montagne-à-Py, Val-Aumont]. — Délibérations, 1 cah. (21 oct. 1793–6 fruct. an II).

Sainte-Menehould [Montagne-sur-Aisne]. — Délibérations, 1 reg. (24 mai 1793–24 fruct. an II).
Pièces diverses, 1 liasse (an II–an III).

Saint-Étienne-au-Temple [Temple-sur-Vesle, Montvesle]. — Lois et décrets, 1 cah.
Délibérations, 1 cah. (16 frim. an II–3 vend. an III).

Saint-Germain-la-Ville [Germinal-sur-Marne, Villemarne]. — Délibérations, 1 reg. (1 brum. an II–10 fruct. an II).

Saint-Hilaire-au-Temple [Hilaire-sur-Vesle, Veslecourt]. — 1 p. (an III).

Saint-Hilaire-le-Grand [Hilaire-le-Ménissier, Montain]. — Délibérations, 1 reg. (4 frim. an II–17 vend. an III).
Pièces diverses, 1 p. (an II).

Saint-Imoges [Longmont]. — 1 p. (an II).

Saint-Just [Justenval]. — Délibérations, 1 cah. (14 germ. an II–1 vend. an III).

Saint-Lumier-en-Champagne [Lumier-le-Ruisseau, Fionval, Lumier-la-Montagne]. — Lois et décrets. Délibérations. 1 cah. (5 frim. an II–10 fruct. an II).

Saint-Mard-lez-Rouffy [Marat-les-Rouffy, Mont-Rouffit]. — Délibérations, 1 cah. (4 nov. 1793–17 therm. an II).

Saint-Mard-sur-le-Mont [Mard-sur-le-Mont, Montvierre]. — Délibérations, 1 cah. (13 oct. 1793–10 fruct. an II).

Saint-Martin-aux-Champs [Issonval, Marat-aux-Champs]. — Délibérations, 1 cah. (27 brum. an II–20 fruct. an II).

Saint-Martin-sur-le-Pré [Vinay, Vinets, Vinay-sur-Marne]. — Délibérations, 1 reg. (30 brum. an II–14 fruct. an II).

Saint-Memmie [Mengeval, Brutus, Brutus-les-Châlons]. — Délibérations, 1 reg. (15 oct. 1793–30 fruct. an II).
Dénonciations, 1 reg. (2 brum. an II–20 therm. an II).
Pièces diverses, 11 p. (an II–an III).

Saint-Ouen [Ormont, Vinon-sur-Oiselet ou Union-sur-Oiselet]. — Délibérations, 1 cah. (5 frim. an II–20 fruct. an II).

Saint-Pierre-aux-Oies [Fontaine-aux-Oyes, Valbourg]. — Délibérations, 1 reg. (15 germ. an II–24 flor. an II).
Pièces diverses, 2 p. (an II).

Saint-Quentin-le-Verger [Montquentin]. — Délibérations, 1 cah. (12 nov. 1793–20 fruct. an II).

Saint-Quentin-les-Marais [Fioncours]. — Délibérations, 1 cah. (11 frim. an II–18 fruct. an II).

Saint-Remy-en-Bouzemont [Bouzemont, La Fraternité]. — Délibérations, 1 reg. (15 frim. an II–15 therm. an II).

Saint-Utin [Lignoncourt]. — Délibérations, 1 cah. (15 frim. an II–26 brum. an II).

Saint-Vrain [Olcomval, Vrain-la-Fertilité (ou la Fidélité?)]. — Délibérations, 1 cah. (30 niv. an II-10 fruct. an II).

Sapignicourt. — 1 p. (an II).

Saron-sur-Aube. — Délibérations, 1 cah. (23 frim. an II–30 prair. an II).

Sarry. — Délibérations, 1 cah. (13 brum. an II–25 fruct. an II).

Saudoy. — Délibérations, 1 cah. (30 brum. an II–prair. an II).

Sermaize. — Délibérations, 1 cah. (6 brum. an II–8 vend. an III).
Pièces diverses, 17 p. (1793–an III).

Servon. — Délibérations, 1 cah. (10 oct. 1793–8 vend. an III).

Sézanne. — Délibérations, 2 reg. (12 juin 1793–11 fruct. an II).
Affaires diverses, 1 liasse (1793–an III).

Sogny-aux-Moulins. — Délibérations, 1 cah. (28 niv. an II–5 vent. an II).

Soilly. — Lois et décrets, 1 cah.
Délibérations, 1 cah. (13 oct. 1793–30 fruct. an II).

Sommepy. — Délibérations, 1 cah. (28 pluv. an II–4 fruct. an II).

Sommesous. — Délibérations, 1 cah. (30 brum. an II–5e jour compl. an II).

Sommesuippe. — Délibérations, 1 cah. (12 frim. an II–17 germ. an II).

Sommeyèvre. — Lois et décrets. Délibérations. 1 cah. (20 frim. an II).

Sompuis. — Délibérations, 1 reg. (15 frim. an II–10 fruct. an II).

Somsois. — Délibérations, 1 cah. (25 frim. an II–20 fruct. an II).

Songy. — Délibérations, 1 reg. (11 frim. an II–18 fruct. an II).

Soudé-Sainte-Croix ou **Soudé-le-Grand** [Soudé-le-Grand]. — Délibérations, 1 cah. (11 frim. an II–30 therm. an II).

Soulanges. — Délibérations, 1 reg. (15 flor. an II–30 mess. an II).

Soulières. — Délibérations, 1 cah. (6 frim. an II–10 pluv. an II).

Suippes. — Délibérations, 1 cah. (21 brum. an II–28 therm an II).

Tauxières. — Enregistrement des lois et décrets, 1 cah.

Thiéblemont. — Délibérations, 1 cah. (14 niv. an II–28 fruct. an II).

Togny-aux-Bœufs. — Délibérations, 1 cah. (27 oct. 1793–20 fruct. an II).

Tours-sur-Marne. — Délibérations, 1 cah. (20 brum. an II–25 mess. an II).

Trépail. — Délibérations, 1 cah. (25 oct. 1793–2 therm. an II).

Troissy. — Délibérations, 1 reg. (28 brum. an II–28 fruct. an II).

Valmy. — Délibérations, 1 reg. (29 brum. an II–3 germ. an II).

Vanault-le-Châtel [Vano-près-la-Montagne, Mont-Vanault]. — Délibérations, 1 cah. (4 frim. an II–12 niv. an II).

Vanault-les-Dames [Vano-les-Frères]. — Délibérations, 1 cah. (29 brum. an II–30 mess. an II).

Vandières. — 4 p. (an II).

Vauciennes. — Délibérations, 1 cah. (7 oct. 1793–1 fruct. an II).

Vaudancourt. — Délibérations, 1 reg. (5 frim. an II–1er jour compl. an II).
Pièces diverses, 5 p. (an II).

Vaudemanges. — Délibérations, 1 cah. (20 frim. an II–20 fruct. an II).

Vavray-le-Grand. — Délibérations, 1 cah. (11 vent. an II–21 mess. an II).

Vavray-le-Petit. — Délibérations, 1 cah. (25 frim. an II–30 therm. an II).

Venteuil. — Délibérations, 1 reg. (23 brum. an II–15 fruct. an II).
Pièces diverses, 20 p. (1793–an III).

Verdey. — Délibérations, 1 reg. (12 nov. 1793–20 vend. an III).

Verneuil. — Lois et décrets, 1 cah.
Délibérations, 1 cah. (9 niv. an II–7 fruct. an II).

Verrières. — Délibérations, 1 cah. (6 oct. 1793–27 therm. an II).

Ville-en-Tardenois. — 6 p. (an II).

Ville-sur-Tourbe [Val-sur-Tourbe]. — Lois et décrets.
Délibérations. 1 cah. (4 juill. 1793–23 therm. an II).
Pièces diverses, 23 p. (1793–an III).

Villers-le-Sec. — Délibérations, 1 cah. (30 niv. an II–30 therm. an II).

Villers-sous-Châtillon. — 5 p. (an II).

Villiers-aux-Corneilles. — Délibérations, 1 cah. (20 oct. 1793–30 fruct. an II).

Vinay. — Lois et décrets, 1 cah.
Délibérations, 1 cah. (26 mai 1793–25 vend. an III).

Vincelles. — Délibérations, 1 cah. (14 frim. an II–16 therm. an II).

Vindey. — Délibérations, 1 cah. (14 frim. an II–20 mess. an II).

Virginy. — Délibérations, 1 cah. (9 frim. an II–3 therm. an II).

Vitry-en-Perthois [Vitry-sur-Saulx]. — Délibérations, 1 reg. (10 nov. 1793–21 mess. an II).

Vitry-la-Ville. — Délibérations, 1 reg. (4 frim. an II–19 vent. an II).

Vitry-le-François [Vitry-sur-Marne]. — Section des Sans-Culottes : délibérations, 3 reg. (1 oct. 1793–25 vent. an III).
Section de la Montagne : délibérations, 2 reg. (1 oct. 1793–3 therm. an II).
Section de la Charité : déclarations d'étrangers, 1 reg. (9 oct. 1793–10 frim. an III).
Section du Collège : déclarations d'étrangers, 1 reg. (9 oct. 1793–9 vent. an III).

Vouillers. — Délibérations, 1 cah. (21 niv. an II–8 fruct. an II).

Vraux. — Enregistrement des lois et décrets, 1 cah.
Délibérations, 1 cah. (1 frim. an II–10 fruct. an II.

Vroil. — Délibérations, 1 cah. (17 frim. an II–18 mess. an II).

SOCIÉTÉS POPULAIRES.

Ay. — 1 p. (an III).

Barbonne. — 2 p. (an IV).

Broyes. — 3 p. (1793).

Cernay-lez-Reims. — 1 p. (an III).

Châlons-sur-Marne. — 16 p. (an II–an III).

Châtillon-sur-Marne [Montagne-sur-Marne]. — 1 p. (an II).

Condé-sur-Marne [Montagne-sur-Marne]. — 7 p. (an II–an III).

Cormicy. — 1 p. (an III).

Épernay. — 6 p. (an II–an III).

Étoges. — 16 p. (an II–an III).

Fère-Champenoise. — 2 p. (an II–an III).

Givry-en-Argonne. — 3 p. (an II–an III).

Hautvillers. — 1 p. (an II).

Juvigny. — 4 p. (an III).

La Neuville-au-Pont [Pont-sur-Aisne]. — 1 p. (an II).

Loisy-en-Brie. — 2 p. (an III).

Loisy-sur-Marne. — 1 p. (an II).

Moiremont. — 2 p. (an III).

Montmirail. — 1 p. (an III).

Nogent-l'Abbesse [Mont-Nogent]. — 3 p. (an III).

Passavant [Mont-sur-Aisne]. — 2 p. (an III).

Péas. — 3 p. (an II).

Pleurs. — 1 p. (an III).

Pogny. — 2 p. (an II).

Reims. — 32 p. (an II–an III).

Sainte-Menehould [Montagne-sur-Aisne]. — 3 p. (an III).

Saint-Just [Justenval]. — 1 p. (an III).

Saint-Mard-sur-le-Mont [Mard-sur-le-Mont, Mont-vierre]. — 1 p. (an III).

Saint-Thierry [Mont-d'Or]. — 1 p. (an III).

Sermaize. — 1 p. (an II).

Sézanne. — 9 p. (an II–an III).

Suippes. — 3 p. (an III).

Vertus. — 3 p. (an III).

Vienne-le-Château [Vienne-sur-Biesme, Vienne-le-Bourg]. — 2 p. (an III).

Ville-sur-Tourbe [Val-sur-Tourbe]. — Délibérations, 1 cah. (6 vent. an II–21 vend. an III).

Vitry-le-François [Vitry-sur-Marne]. — 3 p. (an III).

Warmeriville. — 1 p. (an III).

SOCIÉTÉS DIVERSES.

Châlons-sur-Marne. — Cercle constitutionnel, 1 p. (an VI).
Communautés d'arts et métiers, 1 liasse (1792–an II).

Reims. — Communautés d'arts et métiers, 1 liasse (an II).
Francs-maçons, 1 p. (an VII).
Société des amis de la liberté et de l'égalité, 3 p. (an II).

Sainte-Menehould [Montagne-sur-Aisne]. — Communautés d'arts et métiers, 1 liasse (an II).
Confrérie des vignerons, 7 p. (1793-an II).

Sézanne. — Arquebuse, 2 p. (1791–1792).

Vertus. — Arquebuse, 5 p. (1792–1793).

Vitry-le-François [Vitry-sur-Marne]. — Communautés d'arts et métiers, 1 liasse (1790–1791).
Amis de la Constitution, 3 p. (1791).

TRIBUNAUX.

Tribunal du district de Châlons. — 1 liasse (1790–1791).

10 liasses environ d'enquêtes et jugements sont conservées au greffe du tribunal civil.

Tribunal du district d'Épernay. — 20 reg. (1790–an IV).

Tribunal du district de Reims. — Saisies réelles, 3 reg. (5 mai 1791–24 sept. 1793).

Tribunal du district de Sainte-Menehould [Montagne-sur-Aisne]. — 4 liasses, 23 reg. (1790–an IV).

Tribunal du district de Sézanne. — 9 liasses (1790–an IV).

Justice de paix du canton de Pogny. — 1 liasse (1790–1791).

D'autre part, les documents ci-dessous sont conservés au greffe du tribunal civil de Reims :

Tribunal criminel de la Marne. — Pièces diverses, imprimés; état des affaires jugées de 1792 à l'an III. 1 liasse.

Jugements, 6 reg. (15 mars 1792–2 niv. an x).

Déclarations de pourvoi en cassation, 1 reg. (19 frim. an IV–26 prair. an x).

Appels des tribunaux correctionnels portés devant le tribunal criminel, 1 reg. (26 fruct. an IX–juill. 1818).

Dépôt des requêtes présentées pour commutation ou abolition de peines, 1 reg. (1792–an IX).

Jugements intervenus pour commutation ou abolition de peines, 1 reg. (1792–an XII).

Installation et délibérations du tribunal criminel, 1 reg. (14 janv. 1792–14 frim. an VIII).

Dépôts de procédure, effets, etc., 2 reg. (1 févr. 1792–14 mess. an XIII).

Correspondance et comptes décadaires à rendre au pouvoir exécutif, 1 reg. (27 germ. an II–7 brum. an IV).

Sommier du tribunal criminel et ensuite de la cour d'assises de la Marne, 1 reg. (1792–1830).

État des affaires jugées au tribunal criminel et à la cour d'assises de la Marne, 1 reg. (1792–1812).

Enregistrement des lois, 2 reg. (14 janv. 1792–févr. 1808).

Tribunal du district de Reims. — Enregistrement des lois, 1 reg. (3 mess. an II–18 vend. an IV).

Jugements correctionnels, 3 liasses (21 oct. 1791–28 vent. an XI).

Pièces diverses, 1 liasse (1790–1791).

Tribunal civil de la Marne. — Délibérations du tribunal civil de la Marne et du tribunal de 1re instance, 3 reg. (an IV–23 déc. 1831).

Bureau de conciliation et de paix. — 10 liasses, 5 reg.

Justices de paix. — Élection des juges de paix (districts d'Épernay, Reims, Sainte-Menehould), 4 liasses.

Avoués; notaires; huissiers. — 4 liasses.

Correspondance des tribunaux de la Marne avec le tribunal criminel, du tribunal criminel avec le ministre de la justice. — 140 liasses.

Procédures diverses. — 2,000 liasses environ.

L'énumération qui précède ne doit pas être tenue pour absolument définitive.

MÉLANGES.

Placards divers; brochures politiques; pamphlets; etc., 6 liasses (1790–an VIII).

L'*Auditeur national*, 36 vol. (1791–an VIII).

II. — DÉPÔT DE REIMS.

COMITÉS DE SURVEILLANCE
ET AUTRES COMITÉS RÉVOLUTIONNAIRES.

Comité de surveillance du district de Reims. — Enregistrement du bulletin des lois, 1 reg. (an II).

Délibérations, 2 reg. (29 avril 1793–30 brum. an II et 10 brum. an III–24 vent. an III).

Plumitifs des séances et arrêtés, 1 reg. (8 mai 1793–2 frim. an II).

Correspondance, 1 reg. (12 brum. an III–24 vent. an III).

État des militaires malades chez leurs parents, 1 reg. (28 frim. an III–24 vent. an III).

Papiers divers, 5 liasses (1793–an III).

Comités de surveillance : Auménancourt-le-Grand. — Délibérations, 1 reg. (10 frim. an II–23 fruct. an II).

Baslieux-les-Fismes. — Délibérations, 1 reg. (6 août 1793–26 niv. an III).

Beaumont-sur-Vesle. — Délibérations, 1 reg. (1 pluv. an II–12 vend. an III).

Berru. — Délibérations, 1 reg. (5 brum. an II–18 vend. an III).

Bétheny. — Délibérations, 1 reg. (3 oct. 1793–10 vend. an III).

Bezannes. — Délibérations, 1 reg. (13 oct. 1793–13 vend. an III).

Boult-sur-Suippe. — Délibérations, 1 reg. (27 vend. an II–23 vend. an III).

Bouvancourt. — Délibérations, 1 reg. (10 brum. an II–22 vend. an III).

Brimont. — Délibérations, 1 reg. (17 vend. an II–15 brum. an III).

Caurel. — Délibérations, 1 reg. (6 brum. an II–24 fruct. an II).

Cauroy-lez-Hermonville. — Délibérations, 1 reg. (1 nov. 1793–24 vend. an III).

Cernay-lez-Reims. — Délibérations, 1 reg. (8 sept. 1793–21 vend. an III).

Chambrecy. — Délibérations, 1 reg. (15 frim. an II–21 vend. an III).

Chamery. — Délibérations, 1 reg. (11 brum. an II–25 mess. an II).

Champlat. — Délibérations, 1 reg. (20 brum. an II–mess. an II).

Chaumuzy. — Délibérations, 1 reg. (13 brum. an II–15 prair. an II).

Chenay. — Délibérations, 1 reg. (3 nov. 1793–24 brum. an III).

Cormicy. — Délibérations, 1 reg. (11 brum. an II–30 fruct. an II).

Coulommes. — Délibérations, 1 reg. (28 oct. 1793–1 brum. an III).

Courville. — Délibérations, 1 reg. (19 nov. 1793–9 therm. an II).

Crugny. — Délibérations, 1 reg. (29 vend. an II–1 vend. an III).

Époye. — Délibérations, 1 reg. (27 oct. 1793–16 vend. an III).

Fismes. — Délibérations, 2 reg. (27 mai 1793–25 fruct. an II).

Germigny. — Délibérations, 1 reg. (15 brum. an II–28 vend. an III).

Hermonville. — Enregistrement des lois, 1 reg. (20 frim. an II–15 fruct. an II).

Délibérations, 1 reg. (27 oct. 1793-15 vend. an III).

Heutrégiville. — Délibérations, 1 reg. (9 frim. an II–18 prair. an II).

Isles-sur-Suippe. — Délibérations, 1 reg. (6 oct. 1793–24 vend. an III).

Jonchery-sur-Vesle. — Délibérations, 1 reg. (13 oct. 1793–6 vend. an III).

Jouy. — Délibérations, 1 reg. (15 oct. 1793–5 brum. an III).

Lavannes. — Délibérations, 1 reg. (14 oct. 1793–25 vend. an III).

Montbré. — Délibérations, 1 reg. (13 brum. an II–17 vend. an III).

Mont-sur-Courville. — Lois et décrets, 1 reg. (27 brum. an II–20 vend. an III).

Délibérations, 1 reg. (20 brum. an II–20 vend. an III).

Nanteuil-la-Fosse. — Délibérations, 1 reg. (3 nov. 1793–20 vend. an III).

Pomacle. — Délibérations, 1 reg. (4 frim. an II–1 vend. an III).

Pouillon. — Délibérations, 1 reg. (14 pluv. an II–28 vend. an III).

Pourcy. — Délibérations, 1 reg. (7 oct. 1793–3 vend. an III).

Reims. — Section de la Réunion :

Délibérations, 1 reg. (11 août 1793–10 brum. an III).

Plumitif des séances et arrêtés, 1 reg. (3 frim. an II–22 frim. an II).

Déclarations. Prestations de serment. 1 reg. (12 août 1793–12 frim. an III).

Dépenses, 1 reg. (28 août 1793–24 vent. an III).

Cartes de sûreté. Cartes de citoyens. 6 reg. (7 oct. 1793–16 brum. an III).

Papiers divers, 4 liasses (1793–an III).

Section de Lepelletier :

Délibérations, 2 reg. (8 août 1793–29 fruct. an II).

Déclarations d'étrangers. Certificats de civisme, 1 reg. (11 août 1793–7 prair. an III).

Cartes de sûreté et de surveillance. Cartes de citoyens. 4 reg. (7 oct. 1793–24 fruct. an II).

Papiers divers, 4 liasses (1793–an III).

Section du Contrat social :

Délibérations, 1 reg. (21 juillet 1793–23 fruct. an II).

Copies de lettres, 1 reg. (1 brum. an II–10 fruct. an II).

Certificats de civisme. Décrets de la Convention. Arrêtés des représentants du peuple. Dons patriotiques. 1 reg. (18 mars 1793–14 fruct. an II).

Cartes de sûreté et de surveillance. Cartes de citoyens. 4 reg. (7 oct. 1793–18 fruct. an II).

Papiers divers, 2 liasses (1793–an II).

Section des Droits de l'Homme :

Délibérations, 1 reg. (21 juill. 1793–22 fruct. an II).

Cartes de sûreté et de surveillance. Cartes de citoyens. 6 reg. (7 oct. 1793–22 fruct. an II).

Papiers divers, 2 liasses (1793–an II).

Section du Temple de la Raison :

Délibérations, 1 reg. (24 juill. 1793–22 fruct. an II).

Correspondance, 1 reg. (15 pluv. an II–23 fruct. an II).

Déclarations des étrangers et autres, 1 reg. (29 août 1793-23 fruct. an II).

Cartes de sûreté et de surveillance. Cartes de citoyens. 4 reg. (1 oct. 1793-22 fruct. an II).

Papiers divers, 4 liasses (1793-an II).

Section de la Fraternité :

Délibérations, 2 reg. (25 juill. 1793-29 fruct. an II).

Cartes de sûreté et de surveillance. Cartes de citoyens. 7 reg. (7 oct. 1793-30 fruct. an II).

Notes et renseignements, 1 reg. (15 brum. an II-22 fruct. an II).

Papiers divers, 2 liasses (1793-an II).

Section des Amis de la Patrie :

Cartes de sûreté et de surveillance. Cartes de citoyens. 4 reg. (7 oct. 1793-21 fruct. an II).

Papiers divers, 3 liasses (1793-an II).

Section de la Montagne :

Délibérations, 1 reg. (6 août 1793-25 fruct. an II).

Cartes de sûreté et de surveillance. Cartes de citoyens. 6 reg. (7 oct. 1793-19 fruct. an II).

Papiers divers, 2 liasses (1793-an II).

Rilly-la-Montagne. — Délibérations, 1 reg. (3 oct. 1793-9 niv. an III).

Romigny. — Délibérations, 1 reg. (25 mess. an II-29 therm. an II).

Sarcy. — Délibérations, 1 reg. (28 frim. an II-7 fruct. an II).

Savigny. — Délibérations, 1 reg. (21 brum. an II-3 germ. an II).

Selles. — Délibérations, 1 reg. (20 brum. an II-25 brum. an III).

Sermiers. — Délibérations, 1 reg. (5 brum. an II-3 vend. an III).

Taissy. — Délibérations, 1 reg. (27 brum. an II-3 brum. an III).

Thillois. — Délibérations, 1 reg. (18 brum. an II-23 vend. an III).

Troispuits. — Délibérations, 2 reg. [en double], (1 nov. 1793-1 vend. an III).

Verzenay. — Délibérations, 1 reg. (24 brum. an II-18 mess. an II).

Verzy. — Délibérations, 1 reg. (27 oct. 1793-27 vend. an III).

Villedommange. — Délibérations, 1 reg. (7 oct. 1793-27 vend. an III).

Ville-en-Tardenois. — Délibérations, 1 reg. (18 oct. 1793-4 fruct. an II).

Villers-Allerand. — Délibérations, 1 reg. (12 pluv. an II-23 vend. an III).

Villers-Franqueux. — Enregistrement des lois et décrets, 1 reg. (15 sept. 1793-16 fruct. an II).

Délibérations, 1 reg. (21 brum. an II-14 fruct. an II).

Certificats de civisme, 1 reg. (21 brum. an II-3 therm. an II).

Délivrance des cartes de citoyens, 1 reg. (17 niv. an II-13 prair. an II).

Witry-lez-Reims. — Délibérations, 1 reg. (25 niv. an II-18 fruct. an II).

SOCIÉTÉS POPULAIRES.

Reims. — Société populaire. Délibérations, 4 reg. (30 nov. 1790-23 pluv. an III). Plumitif des séances, 1 reg. (23 flor. an II-3e jour sans-culott. an II).

Comité d'action générale, 1 reg. (5 mess. an II-27 frim. an III).

Comité d'agriculture, 1 reg. (14 flor. an II-22 brum. an III).

Comité de correspondance, 1 reg. (1 mess. an II-7 niv. an II). Correspondance; notes communes à plusieurs comités. 1 reg. (1 therm. an II-16 frim. an II).

Comité de défense officieuse, 1 reg. (3 vent. an II-25 fruct. an II).

Comité d'instruction publique, 1 reg. (17 flor. an II-3 fruct. an II).

Comité militaire, 1 reg. (29 niv. an II-21 brum. an III).

Comité de présentation des candidats à la société populaire, 1 reg. (2 vent. an II-23 brum. an III).

Comité de présentation aux emplois civils et militaires, 1 reg. (19 mess. an II-3 brum. an III).

Comité des secours; recettes. 1 reg. (17 vent. an II-28 vend. an III).

Comité des secours et dépenses, 1 reg. (20 vent. an II-26 pluv. an II).

Comité de surveillance, 1 reg. (4 vent. an II-12 brum. an III).

Documents divers; lettres. 15 liasses (1790-an III).

Reims. — **Société des amis de la Constitution.** — Délibérations, 1 reg. (17 janv. 1791-28 févr. 1791).

Contraste insuffisant

NF Z 43-120-14

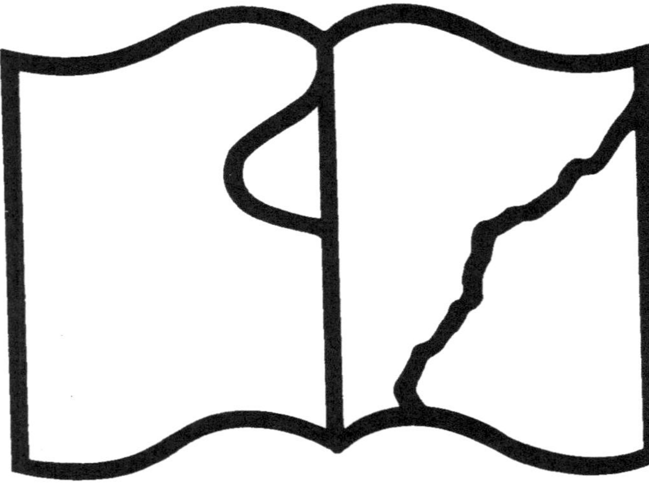

Texte détérioré — reliure défectueuse

NF Z 43-120-11

www.ingramcontent.com/pod-product-compliance
Lightning Source LLC
LaVergne TN
LVHW020412230826
846091LV00004B/1261
9782012884892